Bases de données
orientées graphes avec

Neo4j

Manipuler et exploiter vos bases
de données orientées graphes

DANS LA MÊME COLLECTION

R. Goetter. – **CSS 3 Flexbox.**
N°14363, 2016, 152 pages.
C. Blaess. – **Solutions temps réel sous Linux.**
N°14208, 2015, 300 pages.
W. McKinney. – **Analyse de données en Python.**
N°14109, 2015, 488 pages.
E. Biernat, M. Lutz. – **Data science : fondamentaux et études de cas.**
N°14243, 2015, 312 pages.
B. Philibert. – **Bootstrap 3 : le framework 100 % web design.**
N°14132, 2015, 318 pages.
C. Camin. – **Développer avec Symfony2.**
N°14131, 2015, 474 pages.
S. Pittion, B. Siebman. – **Applications mobiles avec Cordova et PhoneGap.**
N°14052, 2015, 184 pages.
H. Giraudel, R. Goetter. – **CSS 3 : pratique du design web.**
N°14023, 2015, 372 pages.
C. Delannoy. – **Le guide complet du langage C.**
N°14012, 2014, 844 pages.
K. Ayari. – **Scripting avancé avec Windows PowerShell.**
N°13788, 2013, 358 pages.
W. Bories, O. Mirial, S. Papp. – **Déploiement et migration Windows 8.**
N°13645, 2013, 480 pages.
W. Bories, A. Laachir, D. Thiblemont, P. Lafeil, F.-X. Vitrant. – **Virtualisation du poste de travail Windows 7 et 8 avec Windows Server 2012.**
N°13644, 2013, 218 pages.
J.-M. Defrance. – **jQuery-Ajax avec PHP.**
N°13720, 4ᵉ édition, 2013, 488 pages.
L.-G. Morand, L. Vo Van, A. Zanchetta. – **Développement Windows 8 - Créer des applications pour le Windows Store.**
N°13643, 2013, 284 pages.
Y. Gabory, N. Ferrari, T. Petillon. – **Django avancé.**
N°13415, 2013, 402 pages.
P. Roques. – **Modélisation de systèmes complexes avec SysML.**
N°13641, 2013, 188 pages.

SUR LE MÊME THÈME

R. Bruchez. – **Les bases de données NoSQL et le Big Data.**
N°14155, 2015, 322 pages.
M.-R. Amini. – **Apprentissage machine, de la théorie à la pratique.**
N°13800, 2015, 272 pages.
M.-R. Amini, E. Gaussier. – **Recherche d'information.**
N°13532, 2013, 234 pages.
A. Cornuéjols, L. Miclet. – **Apprentissage artificiel.**
N°12471, 2010, 804 pages.

Retrouvez nos bundles (livres papier + e-book) et livres numériques sur
http://izibook.eyrolles.com

Amine Lies Benhenni
François-Xavier Bois

Bases de données orientées graphes avec

Neo4j

Manipuler et exploiter vos bases
de données orientées graphes

EYROLLES

ÉDITIONS EYROLLES
61, bd Saint-Germain
75240 Paris Cedex 05
www.editions-eyrolles.com

Avant-propos

Les besoins relatifs au traitement des données ont évolué à un rythme soutenu ces dernières années. Il faut en effet être en mesure de répondre aux contraintes toujours plus importantes de sites web aux millions d'utilisateurs (réseaux sociaux, plates-formes de publication et de diffusion de contenus, etc.). Ces enjeux en termes de *clustering* et de scalabilité ont fait naître la plus dynamique des familles de moteurs de données : le NoSQL.

Le graphe : une base à part

Parmi ces moteurs de données, ceux orientés « graphes » connaissent un succès fulgurant du fait de leur souplesse et de leur évolutivité extrême. Ne reposant sur aucun schéma, un graphe peut accepter de nouveaux flux/jeux de données sans imposer d'interventions lourdes. À l'heure où les sociétés ont compris que la fusion de leurs silos de données (CRM, ERP, Web, etc.) est une condition sine qua non pour créer de la valeur (solutions d'intelligence prédictive, moteurs de recommandation), cette propriété du graphe se révèle essentielle.

Le présent ouvrage s'adresse à tous les publics confrontés de près ou de loin à la dimension *data* d'un projet informatique : développeurs, DSI, directeurs techniques, chefs de projets. Son objectif majeur est de vous aider à identifier les projets informatiques qui gagneront à mettre en œuvre un graphe.

Les deux premiers chapitres vous familiariseront avec les principaux concepts relatifs aux graphes. Le chapitre 3 vous dotera d'un moteur de données Neo4j grâce auquel vous créerez votre premier graphe. Le chapitre 4 présentera le langage utilisé par Neo4j pour réaliser des opérations (lecture/écriture) sur le graphe : Cypher.

Les chapitres suivants illustreront avec des cas concrets l'utilisation des graphes. Nous aborderons à la fois des aspects liés à la programmation, l'algorithmie et la datavisualisation.

Le dernier chapitre montre un exemple d'application *data-driven*, avec une ingestion en temps réel de flux de données complexes au sein du graphe.

À l'issue de ce livre, les lecteurs seront ainsi capables de développer une application reposant sur la base Neo4j pour répondre à différentes problématiques orientées data. De par la diversité des sujets et le potentiel offert par l'outil, ce livre fournit une porte d'entrée royale et originale sur le monde des données, du big data, de la Data Science et des modèles prédictifs.

Présentation des auteurs

Avec plus de sept ans d'expérience dans la modélisation mathématique et l'analyse statistique des données, Amine Lies Benhenni s'est spécialisé ces dernières années dans le développement d'applications data-driven à base de modèles prédictifs, d'analyse de graphes et de traitement automatique du langage. Il est aujourd'hui spécialiste en data science et data engineering et il a accompagné entre autres de grands comptes du CAC 40 et du Nasdaq, ainsi que de jeunes startups, en travaillant en parallèle sur la solution technologique et les usages métier. Il est également docteur en physique théorique, siège au comité scientifique de l'École polytechnique d'assurances en tant qu'expert big data. Il est par ailleurs responsable du module d'analyse de données au sein de la licence Sciences et ingénierie à l'institut Villebon-Georges Charpak, labellisé Initiative d'excellence en formations innovantes.

Ingénieur en sciences cognitives et en intelligence artificielle, François-Xavier Bois est le fondateur de la société Kernix, où il dirige la stratégie et l'innovation. Créée en 2001, cette agence parisienne repose sur deux piliers : une Digital Factory spécialisée dans la conception d'applications web et mobiles, et un Data Lab travaillant, pour de grands groupes industriels, sur des missions stratégiques dans l'univers des Smart Data. Les réalisations du Data Lab (outils d'aide à la décision, plates-formes d'intelligence collective) reposent sur l'analyse combinée des graphes et des données non structurées (textes, images, vidéos). Le Data Lab est lauréat de plusieurs concours d'innovation nationaux et européens. François-Xavier Bois est également expert auprès du pôle de compétitivité Cap Digital et auteur de plusieurs ouvrages consacrés à des technologies du Web.

Remerciements

Nous tenons à remercier pour leur relecture et leurs conseils Imen El Karoui et Joseph Pellegrino, collaborateurs au sein du Kernix Lab. Olivier Marillier, directeur artistique de Kernix, a également contribué à cet ouvrage en nous fournissant un certain nombre de visuels. Remercions enfin nos épouses et enfants pour leur patience, leur soutien et leurs encouragements.

Table des matières

Introduction

On reconnaît les grandes créations (sciences, art, design) à leur simplicité. Les scientifiques ont ainsi l'habitude de remettre en cause leur modèle dès lors que les concepts engagés deviennent trop nombreux et que la théorie perd en lisibilité. Cette mécanique quantique, si séduisante et cohérente il y a un siècle, irrite les physiciens maintenant que des dizaines de particules entrent en jeu. Les grands designers n'ont de cesse de simplifier les lignes pour atteindre une forme de pureté, d'évidence. Stravinsky, grand compositeur, répondait ainsi aux journalistes qui lui demandaient comment il composait ses œuvres : « Avec une gomme ! » Ne conserver que le strict minimum, mais avec la « substantifique moelle ». Reprenons à notre compte la devise de Churchill : « J'ai des goûts très simples, je me contente du meilleur. »

Les graphes font partie de ces théories avec lesquelles vous sentez très vite que tout est là et que rien n'est en trop. La simplicité des concepts mis en œuvre est aussi impressionnante que la complexité des problèmes qu'ils aident à résoudre.

Ils permettent de répondre à des problèmes très concrets de ciblage, d'optimisation… mais s'avèrent également le meilleur moyen de modéliser la « connaissance ».

Les graphes correspondent à une théorie particulièrement appréciée des mathématiciens. C'est précisément un des leurs, Euler, qui créa cette théorie au XVIIIe siècle pour répondre au fameux problème des sept ponts de Königsberg. À l'inverse des « heureux » mathématiciens qui n'ont besoin que d'une feuille et d'un crayon pour créer, l'ingénieur en informatique utilise des outils tels que des compilateurs et des moteurs de stockage de données pour donner vie à ses idées. Neo4j est aujourd'hui le moteur de graphes le plus avancé, gratuit, open source et multi-plates-formes. Nous nous concentrerons par conséquent sur cet outil pour illustrer nos exemples d'utilisation des graphes.

1

Réseaux et graphes

Aussi abstraits et conceptuels qu'ils puissent paraître, les graphes sont au cœur de nos vies. Après un bref historique de leur origine, nous tisserons un parallèle entre la notion de graphe et celle, plus répandue, de « réseau ».

Sans nous attaquer à la théorie des graphes, nous présenterons un certain nombre de notions dont nous aurons besoin dans les prochains chapitres. Nous chercherons notamment à comprendre la particularité des graphes en algorithmie et pourquoi le moteur Neo4j, présenté dans les chapitres suivants, est indispensable à tout développeur qui souhaite exploiter une telle structure de données.

NOTIONS ABORDÉES

▸ Origines
▸ Graphes et réseaux sociaux
▸ Concepts
▸ Structures de données

Qu'est-ce qu'un graphe ?

Le terme « graphe » tirant son origine du mot « graphique », il est légitime d'en donner une définition visuelle.

Un graphe correspond à un ensemble de points joints par des liaisons. Compte tenu de ce postulat de départ, il est tout à fait naturel d'associer la notion de réseau à celle de graphe. Un réseau ferré correspond bien à un maillage de gares (les points) liées entre elles par des voies (les liaisons).

Le graphe est précisément issu du besoin de se doter d'outils permettant de traiter les problèmes portant sur des structures d'objets organisées en réseaux.

C'est le grand mathématicien Euler qui créa cet outil mathématique au XVIIIe siècle pour résoudre l'énigme des ponts de Königsberg : étant donné le plan ci-après avec quatre régions (deux îles, deux rives) et sept ponts, est-il possible, depuis un point de départ quelconque (sur une des régions), de réaliser un parcours qui conduira le promeneur à traverser chaque pont une et une seule fois et à le ramener à son point de départ ?

Figure 1–1
Modélisation des ponts
de Königsberg en graphes

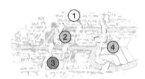

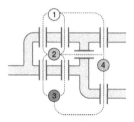

Pour travailler sur ce problème et prouver qu'il n'y avait aucune solution, Euler eut l'idée de considérer les zones de terre ferme comme des points et les ponts comme des liaisons. Le schéma graphique qui résultait de cette modélisation était plus simple à appréhender et constituait un socle sur lequel il devenait possible d'échafauder des théories. À partir de ces graphes, Euler énonça le théorème éponyme qui prouvait que la balade envisagée n'était pas possible.

Réussir à simplifier un problème pour parvenir à en extraire la quintessence est la marque des grands esprits. Cette abstraction imaginée par Euler se révéla si puissante qu'elle fut à l'origine d'une des branches les plus importantes des mathématiques modernes : la topologie. Cette « science des déformations » repose également sur des concepts très visuels et expressifs. En topologie, c'est le nombre de trous qui caractérise un objet : un bagel se retrouve ainsi identique à une tasse à café (le trou correspond à l'anse) mais différent d'un bretzel (deux trous).

Figure 1–2
Une déformation continue permet
de passer d'un bagel à une tasse.

Un monde de réseaux

Une fois cette définition posée, nous réalisons de façon évidente que nous vivons dans un monde de graphes.

Qu'il s'agisse du transport (réseau maritime, fluvial, aérien, ferré, métropolitain, routier), de l'énergie (réseau électrique, gazier), des télécommunications (réseau postal, téléphonique, Internet), de l'information (le Web), notre société repose depuis longtemps sur des infrastructures organisées en graphes. Tout dysfonctionnement de ces réseaux peut conduire à des conséquences dramatiques. Il est donc logique que les opérateurs de ces réseaux tirent parti de ces graphes pour répondre à des enjeux de flux (congestion), d'optimisation (routage/ livraison) et de tolérance aux pannes. Une société qui ne maîtrise pas ses réseaux est à la fois peu efficiente et vulnérable.

Figure 1–3
Réseau de métro de la ville de Paris

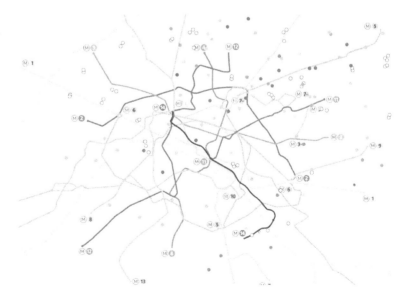

Diktyologie, quèsaco ?

La diktyologie correspond à l'étude des réseaux qui « existent » dans la vie réelle : réseau ferré, Internet, etc.

Graphes et réseaux sociaux

Le déferlement des graphes dans notre vie numérique est plus récent. Début 2000, des startups permirent aux internautes de se connecter les uns aux autres, ces connexions matérialisant aussi bien des liens d'amitié que des relations professionnelles. Ces réseaux sociaux donnèrent un coup de projecteur très important sur les graphes, à la fois dans la sphère web (entrepreneurs, développeurs) et, plus généralement, auprès du grand public. Pour la première fois, des pure players du Web disposaient d'un graphe au cœur de leur infrastructure informatique. Bien leur en a pris car, à peine une dizaine d'années plus tard, ces Facebook et autres LinkedIn génèrent grâce à leur graphe des dizaines de milliards de chiffre d'affaires.

Créer un réseau d'amis était finalement réducteur et Facebook a bien vite réalisé que le Graal serait de construire un graphe universel d'interactions. Il s'agissait pour cela d'ouvrir son graphe à d'autres entités que les *Personnes* et à d'autres relations que *X est ami avec Y*. La première étape de cette évolution fut l'ajout de la notion de *Page* à son graphe. Les boutons *J'aime* et *Je partage* apparurent sur tous les sites pour permettre de relier les membres du réseau aux sites qu'ils consultaient[1] et appréciaient (par un clic sur un de ces boutons). La seconde étape fut l'ouverture du graphe aux développeurs, qui purent à leur tour créer leurs propres types de nœuds et de relations. Il devenait possible pour un site musical de créer des nœuds *Album* ou *Morceau de musique* et des relations *a acheté* ou *a écouté*. Le graphe de Facebook devenait alors l'Open Graph.

Figure 1–4
Logo de la plate-forme
Open Graph de Facebook

Pourquoi l'Open Graph ?

En créant l'Open Graph, Facebook réalisa un véritable coup de génie en faisant en sorte que des sociétés enrichissent le profil de leurs utilisateurs et, par ricochet, celui des membres de Facebook. Il ne faut pas oublier que le trésor de Facebook est là, dans cette richesse d'informations sur chaque individu qui permet à des annonceurs de réaliser des campagnes de publicité particulièrement ciblées.

---

1. De façon tout à fait discrète, ces boutons permettent à Facebook de tracer les visites de ses membres sur les sites qui proposent les boutons *J'aime* ou *Je partage*.

Une conséquence intéressante du succès de ces réseaux sociaux fut de redonner ses lettres de noblesse à leur analyse (SNA, *Social Network Analysis*). Cette discipline étudie les communautés en privilégiant les interactions entre individus, et non les caractéristiques de ces derniers. Elle est notamment à l'origine de la théorie des « six degrés de séparation » : toute « paire » d'individus sur Terre serait en moyenne séparée par cinq personnes. Les réseaux sociaux numériques et ces milliards de données directement exploitables offrent un terrain de jeu fabuleux aux chercheurs. L'identification de communautés, la rapidité de diffusion d'un signal au sein de ces dernières font notamment partie des sujets particulièrement étudiés. L'étude d'une caractéristique telle que la centralité[2] aide par exemple à mieux comprendre les phénomènes de diffusion d'épidémies ou de campagnes marketing (le fameux buzz).

Graphes et Web

Le Knowledge Graph est un projet de Google qui vise à exploiter le Web sémantique[3] pour créer une base de connaissances à la fois vaste et structurée. Ce projet stratégique n'est rien de moins que l'avenir de Google. Sa vision est en effet très claire : le moteur de recherche du futur ne pourra pas se limiter à une liste ordonnée de résultats mais devra offrir des réponses précises aux questions des utilisateurs.

Figure 1–5
Données du Knowledge Graph
présentées dans la colonne
de droite

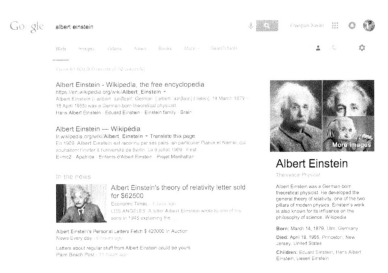

Nous disposons d'ores et déjà d'un avant-goût du Knowledge Graph avec les encarts proposés sur certaines pages de résultats.

2. La centralité est une mesure qui définit à quel point un nœud est « proche » des autres nœuds.
3. À la différence du Web classique, le Web sémantique cherche à donner accès à l'information de façon structurée, pour permettre l'extraction automatique de données.

Ces informations proviennent des pages d'un grand nombre de sources de données qui sont parcourues en permanence par les robots de Google. En analysant ces contenus et en les fusionnant, Google est en mesure de proposer des condensés d'informations et d'identifier des sujets connexes. C'est bien là tout l'enjeu : parvenir à conserver l'internaute sur son site à l'issue de sa recherche en lui offrant des contenus autonomes. Le potentiel d'augmentation du trafic de Google avec une telle mécanique devient stratosphérique.

Figure 1–6
À la requête « birdman critics reviews », Google répond en proposant des informations sur le film (à droite) et sur les notes (au centre).

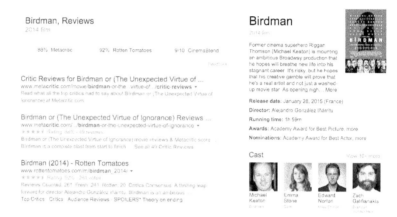

Le Knowledge Graph n'est bien évidemment pas la seule utilisation des graphes par Google. L'algorithme qui a fait sa fortune, le PageRank, repose directement sur la théorie des graphes. Toutes les pages du Web pouvant être liées, nous nous rendons bien compte que ce dernier n'est rien d'autre qu'un immense graphe (les pages sont les points et les liens HTML sont les relations). Le principe fondateur du PageRank est de classer les sites en fonction du nombre de « citations », une citation correspondant à un lien d'un site vers un autre. Plus un site est cité, plus il devient important. Cette définition récursive est un indice qui nous prouve que le seul moyen de traiter ce sujet convenablement est d'utiliser un graphe.

Graphes et informatique

Les graphes sont présents à chaque étape de la vie d'un logiciel, de la conception à l'exécution en passant par le déploiement.

Avant de concevoir un logiciel, le développeur passe par une phase de modélisation, durant laquelle il détaille les différentes composantes des objets qui seront mis en œuvre dans son code. Ces objets disposent de propriétés, de méthodes, et ils dépendent les uns des autres. L'UML est une norme qui sert à visualiser cette modélisation à l'aide de boîtes (pour les objets) et de flèches (pour les relations entre ces derniers). Les interconnexions entre ces objets pouvant former des cycles, nous sommes bien face à une modélisation de type graphe.

Figure 1–7
Exemple de schéma UML

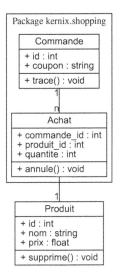

Durant l'exécution du logiciel, un mécanisme est en charge de supprimer de la mémoire de l'ordinateur les « objets » du programme qui ne sont plus actifs. Ces « ramasse-miettes » *(garbage collectors)* sont particulièrement complexes à concevoir dans la mesure où ces objets sont souvent interconnectés : un objet A référence un objet B qui référence l'objet A.

Les gestionnaires de paquets (yum, rpm, npm) doivent également faire face à ces problèmes d'interdépendance lorsque nous désinstallons un logiciel sur une distribution Linux. Un paquet *(package)* X peut en effet reposer sur le paquet Y, qui nécessite lui-même le paquet X.

Dans le monde de l'intelligence artificielle et des sciences cognitives, les graphes sont également vivement appréciés. La « connaissance » est souvent représentée en informatique par des tuples designant des concepts. Les ontologies basées sur des triplets sont les plus communes, chaque triplet figurant un sujet, un prédicat et un objet. Stocker ces triplets dans un graphe se révèle donc tout à fait naturel.

```
Feynman -[enseigne]-> Caltech
Nasa -[subventionne]-> Caltech
Feynman -[conseille]-> Nasa
```

L'objectif de cette modélisation est bien de permettre à la machine de prendre des décisions. Il est à ce propos intéressant de rappeler qu'en ce qui concerne le « vivant », l'instrument de la « compréhension » est le cerveau, organe qui n'est autre qu'un vaste réseau de cellules nerveuses reliées entre elles par des axones.

Notions et terminologie

Concepts

Les nœuds correspondent aux points qui vont composer le graphe. On parle également de sommets.

Les liens qui relient les nœuds sont appelés des relations. Les termes arêtes, arcs ou vertex sont également utilisés.

Deux nœuds sont dits adjacents ou voisins lorsqu'ils sont liés par une relation.

Les deux nœuds liés par la relation sont appelés les extrémités de cette relation. Un nœud qui n'est l'extrémité d'aucune relation est dit isolé. Deux liens partageant les mêmes extrémités sont parallèles. Le voisinage d'un nœud correspond aux extrémités des relations de ce nœud.

Un chemin (ou une chaîne) d'un nœud A à un nœud B correspond à une suite de relations qui vont relier A et B. Le chemin est dit élémentaire si on ne passe pas deux fois par un même nœud. Il est simple si on ne passe pas deux fois par une même relation.

Une boucle est une relation liant un nœud à lui-même.

Un chemin dont le nœud de départ correspond au nœud d'arrivée est appelé un cycle. Le cycle est dit « élément » si on ne passe pas deux fois par le même nœud.

Un chemin passant une et une seule fois par tous les liens est appelé une chaîne eulérienne. On parle de cycle eulérien lorsque le nœud de départ de la chaîne eulérienne équivaut au nœud d'arrivée.

La distance (ou écart) entre deux nœuds représente le plus court chemin entre ceux-ci (lorsque celui-ci existe). La distance entre deux nœuds directement reliés est 1. Le diamètre correspond quant à lui à la plus grande distance possible entre deux nœuds d'un graphe.

Le degré ou la valence d'un nœud équivaut au nombre de relations dont il est une extrémité.

L'ordre d'un graphe correspond au nombre de ses sommets, et sa taille au nombre de ses relations.

Une matrice d'adjacence est une représentation sous forme matricielle d'un graphe.

Figure 1–8
Graphe de référence pour illustrer
la notion de matrice d'adjacence

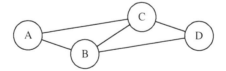

En ayant le graphe précédent à l'esprit, nous pouvons remplir la première ligne de la matrice : 0 1 1 0.

En effet, A n'est pas lié à lui-même (0), A est lié à B (1), A est lié à C (1), A n'est pas lié à D (0).

La matrice d'adjacence M associée à ce graphe est donc la suivante :

```
  A B C D
A 0 1 1 0
B 1 0 1 1
C 1 1 0 1
D 0 1 1 0
```

Une matrice d'adjacence de graphe non orienté est symétrique.

Disposer de ces matrices permet de profiter des outils offerts par l'algèbre linéaire pour réaliser des analyses globales sur les graphes.

Ainsi, en multipliant M par elle-même (soit M^2), nous obtenons pour chaque couple de nœuds le nombre des chemins de longueur 2 qui les lient :

```
  A B C D
A 2 1 1 2
B 1 3 2 1
C 1 2 3 1
D 2 1 1 2
```

Un seul chemin de longueur 2 relie A à C (A-B-C) alors que deux d'entre eux relient A à D (A-C-D et A-B-D).

Il convient de noter que les valeurs 1 et 0 peuvent être remplacées par la pondération associée à la liaison lorsque le graphe est pondéré.

Un parcours (ou traversée) est une sélection des chemins qui permettront d'explorer le graphe. Deux algorithmes de parcours sont particulièrement répandus : le parcours en profondeur *(depth first)* et celui en largeur *(breadth first)*.

Dans le cadre d'un parcours en profondeur, le principe consiste à suivre récursivement chaque voisin du nœud de départ. Cet algorithme conduit à s'éloigner très rapidement du nœud de départ d'où le terme « profondeur ».

Figure 1–9
Illustration d'un parcours
en profondeur

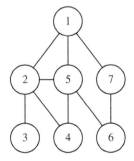

Le chiffre au cœur de chaque nœud correspond à son ordre de visite dans le cadre d'un parcours en profondeur.

Pour un parcours en largeur, la visite commence par tous les voisins du nœud de départ et ensuite les voisins de ces voisins etc.

Figure 1–10
Illustration d'un parcours
en largeur

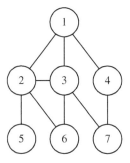

Graphviz

Les schémas proposés ici ont été créés à l'aide de Graphviz. Ce logiciel correspond à un ensemble de binaires qui permettent de générer une visualisation d'un graphe à partir d'un script écrit dans le langage DOT. Un script DOT décrit les nœuds, les relations ainsi que des informations sur l'orientation du graphe, ses dimensions, la courbure des relations etc. Les représentations graphiques peuvent être générées dans une multitude de formats dont le SVG. Un simple `brew install graphviz` installe ce logiciel sur OS X.

Graphes particuliers

Des centaines de noms ont été attribuées à des graphes disposant de caractéristiques spécifiques. Présentons-en quelques-uns.

Un graphe est connexe s'il existe toujours un chemin entre deux de ses nœuds. Le métro parisien n'est pas connexe dans la mesure où les deux arrêts du funiculaire de Montmartre ne sont pas reliés à d'autres lignes.

Un graphe est complet quand toute paire de nœuds est toujours reliée par une relation.

Figure 1–11
Exemple de graphe complet

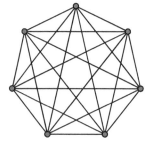

Un graphe est simple s'il ne comporte ni boucles ni liens parallèles.

Un graphe est dit orienté lorsqu'une direction est associée aux relations. Dans ce cas, une relation peut exister entre le nœud A et le nœud B, et pas l'inverse. Un graphe orienté est également appelé un digraphe. Le réseau métropolitain parisien est orienté car certaines stations ne se suivent que dans un sens (par exemple, il est possible de passer de Chardon Lagache à Mirabeau, mais pas l'inverse).

Un graphe est pondéré lorsqu'une valeur est associée à chaque relation. Dans le domaine du transport par exemple, il pourrait s'agir de la distance entre deux nœuds.

Un graphe est étiqueté lorsque chaque nœud dispose d'une information associée : un type, une catégorie, un symbole.

Un graphe est planaire lorsqu'il peut être représenté (sur un plan) sans qu'aucune de ses relations ne se croise. Cette propriété est intéressante lorsque le graphe modélise un circuit imprimé par exemple.

Figure 1–12
Exemple de graphe planaire

Les graphes à invariance d'échelle *(scale-free)* présentent peu de nœuds qui ont une connectivité importante et pour lesquels l'accroissement du nombre de nœuds augmentera essentiellement la connectivité de ces nœuds très connectés (par exemple, Internet). L'antithèse du graphe à invariance d'échelle est le graphe aléatoire. Dans ce cas, tous les nœuds ont une connectivité proche et cette distribution évolue de manière linéaire avec l'accroissement du nombre de nœuds.

Autres structures de données

En informatique, les graphes font partie de la famille des structures de données. Ces dernières sont utilisées pour organiser les données d'un problème selon un modèle qui permettra leur traitement par des algorithmes.

Les graphes font plus précisément partie des structures de données liées ; les plus connues sont les listes, les arbres et les graphes. Ces structures se distinguent les unes des autres en fonction des contraintes de liaison entre les données qui les composent.

La structure de données la plus simple est la liste chaînée. Tout élément de cette liste, en dehors du dernier, est lié à son successeur.

Figure 1–13
Une liste chaînée

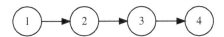

Dans une version légèrement plus évoluée, la liste doublement chaînée, un lien peut également exister avec l'élément précédent.

Figure 1–14
Liste doublement chaînée

Quel que soit le type de liste retenu, un élément ne peut être lié à plus de deux autres éléments.

Dans le cadre d'un arbre, un élément peut disposer d'un prédécesseur et de plusieurs successeurs. On parle alors de nœud père et de nœuds fils.

Figure 1–15
Structure de données
de type arbre

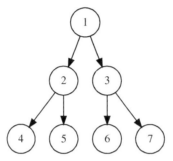

Tout nœud peut ainsi être lié à un nombre indéfini d'autres nœuds (son père et ses fils), mais aucun père ne peut être lié à un de ses petits-fils.

Le graphe est la structure la plus souple dans la mesure où aucune contrainte n'existe dans la façon de lier les nœuds entre eux : tout élément peut être relié à tout autre élément ainsi qu'à lui-même.

Figure 1–16
Structure de données
de type graphe

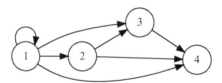

Il est essentiel de savoir reconnaître la structure de données la plus adaptée à son besoin. Compte tenu des définitions précédentes, il semble logique qu'un analyseur syntaxique (compilateur, interpréteur) exploite un arbre pour réaliser des traitements sur les sources et qu'un GPS mette en œuvre un graphe pour nous proposer des itinéraires optimaux. Plus généralement, les arbres sont adaptés à la modélisation de hiérarchies d'éléments alors que les graphes structurent parfaitement les interactions et les maillages.

Plus une structure de données est « avancée », plus les ressources (mémoire, processeur) nécessaires à sa traversée (son parcours) sont importantes. Dans le cas des graphes, la complexité explosant avec l'augmentation du nombre de relations, un « moteur de graphe » devient très vite nécessaire pour assurer une certaine forme de scalabilité. À la différence des structures plus simples, des cycles peuvent en effet exister au sein de ces graphes et conduire à des temps de traitement infinis lorsqu'ils ne sont pas traités de façon optimale. Traverser un graphe nécessite de maintenir une mémoire intermédiaire des nœuds et des chemins déjà visités. Or, la gestion du cache (avec tous les enjeux d'invalidation liés) est un problème informatique particulièrement complexe qui ne peut être traité par chaque développeur qui souhaiterait mettre en œuvre un graphe dans son logiciel.

Scalabilité

La scalabilité désigne la capacité d'un système à absorber et supporter des montées en charge soudaines, lorsque les volumes de données à traiter augmentent significativement.

Exploiter un graphe dans un projet informatique revient souvent à détecter l'existence ou l'absence de chemins entre certains nœuds, à classer ces chemins les uns par rapport aux autres, à trouver les plus courts d'entre eux. Le moteur Neo4j, que nous présenterons par la suite, sera l'arme ultime du développeur pour identifier ces chemins en temps réel en utilisant notamment le filtrage par motifs. Avec un tel « traverseur » de graphe, le développeur peut laisser libre cours à sa créativité sans jamais avoir à se préoccuper des contraintes techniques sous-jacentes.

2

Bases de données
et modèles de graphes

Le monde des bases de données a connu énormément de changements ces dernières années. Pour faire face aux nombreux défis introduits par un monde connecté et digitalisé, beaucoup de solutions ont émergé, se détachant du paradigme relationnel et correspondant à des usages particuliers. Nous verrons où se placent les bases de graphes dans cet écosystème.

Depuis des millénaires, l'homme a été confronté à la problématique du stockage de ses connaissances et des informations qu'il souhaite faire perdurer dans le temps. Il s'agissait initialement de garder une trace des transactions et opérations comptables sur des tablettes d'argile, des papyrus et enfin du papier. Un long chemin a été parcouru depuis, et l'essor de l'informatique au siècle dernier a abouti aux systèmes d'information complexes auxquels nous sommes habitués.

De nos jours, toutes les entreprises amassent quotidiennement des données dans le cadre de leurs opérations pour mesurer et quantifier leurs processus en interne, pour gérer les transactions avec les clients et les partenaires, pour des raisons comptables, etc. L'usage qu'elles en font pour optimiser leur fonctionnement, améliorer les prises de décisions et détecter les opportunités est fortement conditionné par l'infrastructure et les outils d'analyse dont elles disposent.

La démocratisation et la généralisation de ces outils ont conduit à une standardisation des bases de données, structurées autour des paradigmes du relationnel et du langage SQL.

De façon générale, on attend d'une base de données qu'elle facilite les opérations suivantes :

- l'accès aux données ;
- la sécurisation des données ;
- la manipulation des données ;
- la représentation logique des données.

Toutefois, ces dernières années, de nouveaux besoins ont émergé. Avec l'essor d'Internet, des smartphones et la promesse d'une explosion des objets connectés d'ici quelques années, il devient impératif de développer des outils dédiés capables de tenir la montée en charge en permettant l'exploitation optimale des données.

Ainsi, et au-delà des simples besoins énoncés précédemment, les défis modernes correspondent à :

- la centralisation de données hétérogènes : intégrer les différents silos, consolider et croiser pour valider, avoir une vision fine à 360° du marché, des clients et des tendances ;
- la performance : ingérer toutes les données qui transitent par le système d'information, être agile et évoluer rapidement ;
- l'extraction de l'information et l'exploitation de grands volumes de données en des temps raisonnables.

Les bases relationnelles ont atteint leurs limites et ne sont plus la solution par défaut pour faire face à l'ensemble des enjeux à venir.

Les bases relationnelles

Le modèle des bases relationnelles a été posé par Edgar F. Codd, un ingénieur d'IBM, frustré par les outils de stockage et de manipulation des données dont il disposait. Les bases de données n'offraient pas de séparation entre l'implémentation physique et le modèle logique du stockage, et les utilisateurs devaient avoir une certaine maîtrise informatique pour aller récupérer l'information qu'ils souhaitaient.

Modèles navigationnels, hiérarchiques et NoSQL

Différents paradigmes repris par de nombreuses bases NoSQL sont paradoxalement très proches des premières bases de données utilisées dans les années 1960. Les modèles navigationnels, par exemple, partagent les mêmes caractéristiques qu'une base de graphes comme Neo4j en reposant sur des pointeurs entre données, tandis que les bases de type « documents », comme mongoDB, structurent les données de façon hiérarchique. Les bases modernes présentent toutefois une maturité supérieure, qui simplifie fort heureusement leur utilisation au quotidien.

Son travail aboutit dans les années 1970 à la définition de l'algèbre relationnelle, première brique dans la construction des bases relationnelles, offrant ainsi une couche d'abstraction entre la persistance physique des données et les modalités de manipulation et de requête reposant sur des modèles logiques.

Le modèle relationnel vise en effet à structurer la donnée indépendamment de son utilisation, et l'algèbre définit les opérations qui permettent de reconstruire les relations et de répondre à différentes questions. Elle a abouti à la définition d'un langage standardisé : le SQL *(Structured Query Language)*.

L'algèbre offre de plus un certain nombre d'avantages et de garanties dans la gestion des données et dans l'optimisation du stockage sur le disque. Les bases relationnelles ont également de nombreux atouts pratiques qui en ont fait la solution par défaut pendant de nombreuses années.

Malgré la multiplicité des éditeurs de solutions relationnelles, un modèle et un langage de requêtes assez standards font que les utilisateurs basculent aisément d'un système à un autre. Les quelques différences introduites dans les implémentations, notamment au niveau du langage SQL, ne sont pas marquées au point d'être bloquantes pour des experts.

Caractéristiques des bases relationnelles

La première caractéristique d'une base relationnelle est de permettre l'association de différents éléments au sein d'une table.

Concrètement, elle est définie à travers un schéma, qui détaille les champs attendus.

```
CREATE TABLE User
(
    id INT PRIMARY KEY NOT NULL,
    nom VARCHAR(100),
...
)
```

Le code précédent crée une table User avec une clé primaire, qui fait référence à l'entrée, et un nom.

Chaque ligne constitue une association au sein de la table et toutes les entrées d'un champ correspondent à la colonne de ce dernier.

Figure 2–1
Représentation d'une table,
avec les lignes qui correspondent
aux entrées, et les colonnes
aux champs.

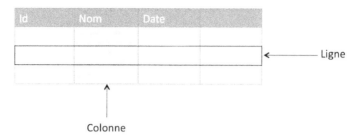

Colonne

Les modèles relationnels reposent également sur le principe de normalisation des tables, afin de :

1 minimiser la redondance des données ;

2 assurer la cohérence des informations ;

3 éviter les opérations de mise à jour inutiles.

Les données sont préférentiellement stockées dans des tables différentes, en respectant certaines contraintes. Ceci permet d'optimiser au mieux leur stockage, surtout à une époque où l'espace est très limité.

À chaque entrée, ou ligne, est généralement associée une clé unique, qui sert à la référencer dans une autre table.

Figure 2–2
La table Relation relie ses entrées
à celles de la table User en faisant
référence à leur clé principale
dans la colonne correspondante.

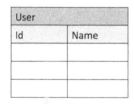

Cette référence permet la reconstruction des relations dispersées à travers différentes tables à l'aide de requêtes SQL spécifiques.

À propos de la dénomination relationnelle

Le terme « relationnel » fait référence à l'association d'éléments au sein d'une même table et non, comme on pourrait le penser de prime abord, à l'association d'éléments à travers différentes tables.

Normalisation des bases de données et jointure

On classe usuellement une base de données suivant huit niveaux de normalisation, mais l'usage dans l'industrie est de considérer une base de données comme normalisée à la troisième forme normale. En d'autres termes, les différentes formes de normalisation correspondent à des règles qui autorisent ou non l'association de certaines colonnes au sein d'une même table.

À titre d'exemple, les deux tables qui suivent ne sont pas normalisées.

Figure 2–3
Une façon de représenter les différents achats d'un utilisateur consisterait à créer autant de colonnes qu'il y a de produits. Cependant, tout le monde n'a pas le même nombre d'éléments dans son panier. Il n'est pas possible de fixer N de façon certaine et il y aura des colonnes vides pour de nombreux clients. De plus, si un client commande N+1, il faudra créer une nouvelle table et migrer les données.

User	Item 1	Item 2		Item N

Dans ce premier exemple, nous souhaitons associer un client aux produits qu'il a achetés. Le schéma choisi implique que le nombre de commandes ne peut jamais être supérieur à N. Afin de gagner en flexibilité, il vaut mieux mettre les commandes dans une table dédiée et faire référence à la transaction à l'aide de la clé correspondante.

Figure 2–4
Chaque ajout de produit correspond à une nouvelle ligne dans la table qui relie les utilisateurs aux produits. Les tables User et Item, quant à elles, ne sont pas affectées par les transactions.

Dans notre deuxième exemple, le schéma choisi n'optimise pas l'espace occupé par la donnée, puisque la même information client est répétée à différents endroits. De plus, un changement d'adresse nécessitera de parcourir toutes les lignes pour appliquer le même changement. Cette information peut en plus être répétée dans d'autres tables, puisqu'elle n'est pas dans une table dédiée à laquelle toutes les autres peuvent faire référence. Il faut donc garder quelque part la liste de l'ensemble des endroits où elle se trouve pour appliquer une éventuelle modification, ce qui introduit le risque d'avoir des informations incohérentes si cette liste n'est pas à jour.

Figure 2–5
Le code postal est ici répété à chaque entrée, alors que cette information ne sert pas à identifier l'entrée. De plus, elle est redondante et la mettre à jour implique de parcourir toutes les lignes. Il vaut mieux la placer dans une table User dédiée qui regroupe l'ensemble des informations d'un utilisateur à un endroit unique.

Id	User	Code Postal	Item
1	Peter	31000	Gant
1	Peter	31000	Masque

Toutes les autres tables qui nécessitent cette information peuvent y faire référence à l'aide de la clé correspondante, et la mise à jour s'effectue en un seul endroit.

Une fois les tables normalisées et les données séparées, il faut être capable de reconstruire les informations selon les besoins.

Les opérations de jointure vont reconstruire les dépendances à partir des différentes tables et des références croisées.

Gestion des transactions

Les bases relationnelles ont été pensées pour assurer la cohérence des données et éviter les anomalies à l'écriture et la mise à jour des données.

D'un point de vue technique, les opérations sont construites autour de transactions ACID (Atomicité, Cohérence, Isolation et Durabilité), afin de systématiquement assurer la fiabilité des données.

Une transaction peut être vue comme une unité d'opérations qui modifie l'état de la base de données. Il n'y a pas d'état transitoire possible entre son début et sa finalisation, y compris en cas d'échec partiel ou de crash du système. Elle permet la gestion des accès concurrents à une même donnée et assure que l'état retourné est celui attendu. L'état qui en résulte est final et pérenne dans le temps.

Limitations

Jusqu'à présent, les bases de données relationnelles ont rempli correctement leur rôle dans les environnements structurés et figés des entreprises. Elles se sont également naturellement imposées pour les premiers sites Internet, tant qu'il s'agissait d'enregistrer les mêmes informations suivant des schémas prédéfinis. Les requêtes qu'elles permettent sont assez puissantes pour stocker des informations structurelles, ainsi que pour des tâches de filtrage et d'agrégation à des échelles relativement modestes.

Cependant, au vu de la nature variable et des volumes de données, ainsi que des besoins en performance induits à l'ère du big data, les bases relationnelles souffrent de plusieurs limitations.

- Leur schéma trop rigide les empêche de s'adapter rapidement à de nouveaux cas d'usages ou de nouvelles sources de données.
- Toutes les données sont représentées en tables, y compris celles qui ne s'y prêtent pas, notamment les données de nature récursive, comme les réseaux sociaux. Les requêtes profondes sur les relations entre individus obligent à faire de nombreux allers-retours coûteux en performance.
- De façon plus générale, les modalités d'exploration des données font intervenir le principe de jointure, qui consiste à effectuer le produit cartésien des tables des éléments à associer, en considérant l'ensemble des combinaisons entre toutes les lignes. Nous constatons que le calcul croît factoriellement avec la profondeur de l'analyse, correspondant au nombre de tables que l'on souhaite associer.

Bases de données NoSQL

Le Web 2.0 et la convergence de l'informatique et des télécommunications ont grandement fluidifié le transfert et le dépôt d'informations. La nature même d'Internet, qui est un réseau de ressources connectées, la multiplication des modes de communication entre les différents agents, les terminaux d'accès, les API des applications, le mouvement open data, etc., contribuent à accélérer ce déluge d'informations, avec des données produites en temps réel, à l'échelle mondiale et dont le volume double approximativement tous les deux ans.

Les géants d'Internet, comme Facebook, Google ou Amazon, gèrent des flots de données à des échelles sans commune mesure avec les besoins de l'ère pré-Internet. L'infrastructure de Facebook doit gérer plus de 100 milliards de messages par mois et Twitter doit ingérer 7 téraoctets de données par jour.

Les solutions qui couvrent ces problématiques font clairement le sacrifice d'une exploration aléatoire moindre au profit d'une optimisation des performances en termes d'ingestion et de stockage des données. Le choix se porte clairement sur des solutions de stockage aux modèles les plus simples, afin de minimiser les opérations de transformation des données avant l'écriture. Elles sont regroupées généralement sous le vocable NoSQL.

NoSQL

Le NoSQL, contrairement à ce que peut laisser penser son nom, n'est pas un rejet des bases relationnelles. Il existe un consensus sur l'interprétation « not only SQL », qui met plus en avant la complémentarité, et non le rejet des bases relationnelles. De plus, la dénomination met en avant le SQL, alors qu'il s'agit plus de bases non relationnelles.

Elles se démarquent des bases de données relationnelles sur plusieurs points, le plus important étant très certainement l'absence de schéma à l'écriture. Ces bases ont émergé face à la nécessité de pouvoir traiter des sources de données toujours plus variées et hétérogènes, et dont le format peut évoluer dans le temps. L'absence de schéma garantit une souplesse des systèmes qui limite l'impact des évolutions. On obtient à la place un schéma en lecture : le stockage se fait sans structure, les données sont mises en forme à la lecture en fonction des tâches auxquelles elles se destinent.

Le principal problème résolu est celui de la scalabilité, ou *scaling*.

La scalabilité horizontale consiste à ajouter de façon transparente des machines en parallèle au réseau, aboutissant à un partitionnement des données et à un traitement parallèle. Cela implique de pouvoir séparer les données de façon indépendante, ainsi que de factoriser les opérations et les analyses avant d'agglomérer les différents résultats.

La scalabilité verticale caractérise les systèmes qui nécessitent de basculer sur des machines plus puissantes (CPU, RAM) pour pouvoir absorber la charge supplémentaire. Son inconvénient principal est la limitation introduite par la technologie, qui est « théoriquement » absente dans le cas horizontal (dans les limites permises par la latence du réseau).

Les bases NoSQL ont été conçues avant tout pour favoriser une scalabilité horizontale.

NoSQL et cloud

De ce point de vue, les bases NoSQL s'inscrivent dans la logique des services dans le cloud, où les ressources peuvent être allouées de façon élastique en fonction des besoins.

- Bases clé-valeur

Figure 2–6
La base clé-valeur est le format de stockage le plus simple et, par conséquent, souvent le plus performant. Il limite toutefois fortement les usages.

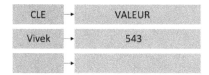

Le modèle clé-valeur est le plus simple. Les données sont stockées dans une cellule à laquelle on accède à travers une clé unique. Les requêtes restent assez basiques, mais elles sont particulièrement performantes lorsqu'il s'agit d'écrire et de récupérer rapidement certaines informations, de mettre en cache des données ou pour des besoins basiques en analytics et en comptage d'événements.

Utiliser ce modèle pour des tâches plus complexes nécessite un effort de développement conséquent pour implémenter des besoins complexes côté applicatif.

- Bases à famille de colonnes

Les bases orientées colonnes sont inspirées par les solutions BigTable de Google et Dynamo d'Amazon. Elles sont optimisées pour l'ingestion de volumes extrêmement massifs de données et leur stockage de façon distribuée à travers un nombre très large de machines.

Tous les verrous propres au relationnel ont été éliminés, afin de limiter la dispersion des données.

Les données sont stockées dans des cellules comprenant une clé (qui correspond au nom de la colonne), une valeur et un *timestamp*. Les cellules sont regroupées au sein de lignes (également appelées supercolonnes) et associées à une clé primaire. Cette dernière définit dans quelle machine la donnée sera stockée, ce qui permet des opérations de lecture et d'écriture performantes.

Les lignes sont ensuite insérées dans une famille de colonnes, qui est ce qui se rapproche le plus d'une table SQL.

Cette représentation permet également d'isoler les colonnes au sein des lignes, offrant ainsi la possibilité d'avoir des colonnes différentes pour des entrées différentes.

Figure 2–7
La famille de colonnes, qui joue un rôle équivalent à celui des tables SQL, regroupe les entrées auxquelles on accède par la clé correspondante. Celles-ci peuvent contenir différentes informations, de façon souple.

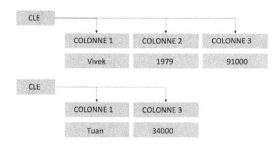

- Bases orientées documents

Un document est un ensemble de champs clé-valeur. Il est identifié par une clé principale au sein d'une collection de documents de même nature.

Ce modèle permet de construire des structures hiérarchiques plus complexes, en imbriquant des clés et des valeurs, de façon équivalente à un objet JSON.

Cette profondeur autorise la conception de schémas plus riches que pour les cas précédents.

Figure 2–8
Les bases documents correspondent plus à un modèle hiérarchique, équivalant aux formats JSON et XML. Les entrées sont identifiées par les clés correspondantes, avec une profondeur arbitraire dans les associations.

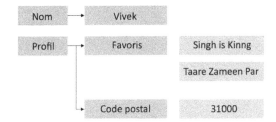

Hadoop

Le couple Hadoop/MapReduce revient souvent lorsqu'on parle de big data. Cité pendant longtemps comme le couteau suisse de la gestion de données massives, Hadoop n'est pas à proprement parler une base de données, mais une architecture distribuée de stockage de fichiers, associée au framework de calcul distribué MapReduce.

Malgré leur diversité, ces différentes solutions s'articulent autour d'un certain nombre de points communs.

Elles ne cherchent pas nécessairement à assurer la cohérence des données. Les transactions des systèmes relationnels, qui assurent que l'état d'une base est toujours cohérent, ont été abandonnées afin de favoriser la vitesse d'écriture. Dans certains cas, il est toutefois difficile de se départir de ces garanties. Il est par exemple hors de question de faire ce genre de compromis au sein d'un système de gestion de transactions financières.

Imaginer un système d'information assurant la cohérence à un niveau de granularité fine implique de faire attention à ces détails.

L'absence de schéma et la grande liberté de duplication des données contribuent également à une importante complexité pour maintenir la cohérence de la base lors d'opérations de mises à jour. Il faut de plus faire attention côté application, car l'usage fixe implicitement un schéma. Un minimum de rigueur dans les définitions est requis pour assurer une certaine cohérence entre ce qui est écrit et ce qui est lu.

Les schémas ne sont donc pas totalement absents lorsqu'on considère une application dans son ensemble, mais simplement moins contraignants. L'idée est de permettre d'évoluer rapidement, d'intégrer facilement de nouvelles données et de minimiser le nombre d'étapes avant l'écriture sur le disque. Ces bases sont de ce fait particulièrement adaptées aux données semi-structurées et non structurées.

Enfin, les bases NoSQL n'ont pas été pensées initialement pour accommoder des opérations de jointure. Bien au contraire, les modèles doivent justement être pensés pour minimiser les besoins de croisement dans un cadre opérationnel.

Les données sont regroupées par agrégats, afin de minimiser la dispersion et d'optimiser la lecture, en évitant d'avoir à parcourir l'ensemble des serveurs du *cluster* pour reconstruire les informations nécessaires. La redondance est donc une pratique commune permettant de regrouper systématiquement les informations qui doivent être exploitées ensemble.

Bases de graphes

Les bases de données orientées graphes se sont développées dans le sillage du mouvement NoSQL. Elles se distinguent par le fait que les données ne sont pas considérées comme des entités indépendantes, mais qu'au contraire les relations entre objets sont aussi importantes que les objets eux-mêmes. Chaque donnée pointe vers ses voisins immédiats, ce qui facilite la traversée et l'exploration. Les données sont stockées sans schéma, mais elles s'autostructurent à travers les relations qui les lient. Les bases de graphes offrent les avantages des bases relationnelles, avec la souplesse du NoSQL.

Il est possible d'associer à chaque nœud et relation des informations supplémentaires. L'absence de schéma permet d'associer au sein d'un même graphe différentes entités (personnes, lieux, produits, textes...). Cette souplesse est bienvenue quand il s'agit d'enrichir le graphe des données, qui intégrera avantageusement l'ensemble des sources accessibles.

Figure 2–9
Le modèle de graphe est simplement composé de nœuds reliés par des relations, les deux pouvant avoir des propriétés associées à travers des clés et leurs valeurs.

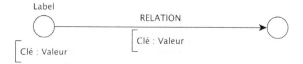

Le modèle de données permet, d'une part, d'accéder aléatoirement à n'importe quel élément ou groupe d'éléments et, d'autre part, d'obtenir systématiquement l'ensemble du contexte structurel au voisinage.

Intérêt du graphe

La structure en graphe modélise des données très complexes, de façon simple et intuitive. Il n'y a pas de distinction entre les données et les relations. On explore en profondeur, afin de mettre en évidence des corrélations et des relations complexes et souvent implicites. On ne se limite plus à des résumés statistiques ou des prédictions de tendances. La « découverte » d'informations est mise en avant par une exploration active de la donnée et de son contexte.

La fouille de données classique consiste généralement à calculer des statistiques descriptives le long des nombreuses dimensions des tableaux de données, ou à faire des projections et avoir des indicateurs qui résument certaines informations. Cependant, certains cas ne se prêtent pas naturellement à cette forme de questionnement, comme identifier un enchaînement d'actions, un groupe d'éléments associés, des relations entre des données qui sont a priori dans des tables séparées, etc.

Afin de mieux comprendre la structure du réseau de données, la fouille de graphe repose sur le principe de traversées. Ces dernières vont de proche en proche en suivant les relations et découvrent la topologie propre à l'entreprise et à son environnement.

Ce mode d'exploration offre des avantages très intéressants en termes de performance, puisqu'il est capable d'explorer des portions de graphes sans parcourir systématiquement toutes les tables et il permet d'envisager des requêtes ad hoc en des temps raisonnables.

Comparatif avec les autres modèles

Normalisation, dénormalisation et structure en graphe

Nous allons reprendre l'exemple des données e-commerce et analyser les modèles associés au sein d'une base relationnelle, d'une base document et d'un graphe.

Nous avons déjà défini précédemment un schéma relationnel. Ce dernier montre un site e-commerce respectant les règles de normalisation.

Nous pouvons le comparer avec le modèle de document suivant.

Document client

```
{
    'id':'',
    'nom':'',
    'prénom':'',
    'adresse':'',
}
```

Document produit

```
{
    'id':'',
    'produit':'',
    'marque':'',
    'description'';
}
```

Document panier

```
{
    'id':'',
    'date':'',
    'clientId':'',
    'adresse livraison':'',
    'produits':[
        {
            'produitId':,
```

```
            'produit':,
            'prix':
        },
        {
            'produitId':,
            'produit':,
            'prix':
        }]
    }
```

Nous avons un premier exemple de dénormalisation. Un champ *adresse* est présent à la fois dans le document associé à l'utilisateur et dans celui lié à la transaction. Il s'avère que, dans ce cas précis, cette duplication ne pose pas de problème puisque, une fois la livraison effectuée, l'adresse correspondante ne changera plus jamais, même si le client déménage entre-temps. L'ancienne adresse est ainsi archivée.

Ce modèle d'agrégat offre l'avantage de récupérer toutes les informations sur la transaction en une seule opération.

Il est également idéal pour gérer le catalogue produits et peut s'adapter parfaitement à l'évolution des fiches produits, par l'ajout de nouveaux champs par exemple. Les anciennes fiches cohabitent avec les nouvelles, sans nécessiter la moindre opération de migration.

L'approche favorise également certains types d'analytics, en effectuant des opérations d'agrégation par champs.

En revanche, réaliser des croisements en profondeur à travers différentes collections n'est pas évident. Si nous souhaitons par exemple associer des utilisateurs à des marques, ou des univers, pour identifier des cibles pertinentes pour des campagnes de promotion, il faudra penser à ajouter ces champs aux fiches produits dans les documents transactions. Les opérations de type jointures doivent en effet être implémentées par l'application et nécessitent de passer par différentes étapes de récupération de clés et de documents (en ayant pensé à indexer correctement les champs nécessaires).

Représentons maintenant le graphe correspondant (voir figure suivante).

Figure 2–10
Les éléments du graphe sont uniques et évitent de gérer la redondance. Les transactions sont représentées par des relations.

Nous matérialisons sur ce graphe les traversées qui servent à reconstruire les informations. Nous récupérons aisément toutes les transactions associées à un compte, ou encore nous partons d'une marque et identifions les cibles pour une campagne marketing.

Nous avons également la liberté d'ajouter des champs différents au sein de nœuds de même type, pour prendre en compte de nouvelles informations, puisqu'il n'y a pas non plus de schéma figé par type de nœuds.

Figure 2–11
Un nœud peut avoir
des informations complémentaires
que d'autres nœuds du même
type n'ont pas.

Enfin, nous pouvons ajouter de nouveaux objets au sein même du graphe et tisser les relations correspondantes de façon naturelle. Si nous souhaitons associer des univers aux marques, la nature autostructurante du graphe fait que cette association est naturellement propagée aux nœuds voisins à différentes profondeurs, comme les produits et les utilisateurs.

Réseaux sociaux et associations multiples

L'exemple du réseau social va nous permettre de mieux souligner la supériorité des bases de graphes pour l'exploration en profondeur des relations.

Un cas d'usage typique consiste à calculer rapidement le degré de séparation entre deux personnes, à une profondeur arbitraire.

La modélisation relationnelle n'est pas particulièrement complexe (voir figure suivante).

Figure 2–12
Une simple table relie les différents
utilisateurs et stocke les relations
d'amitié.

Id	User
1	Peter
2	Bruce
3	Xavier

User_Id	Friend_Id
1	2
1	3

Toutefois, répondre à la question posée nécessite de passer par plusieurs jointures. Les produits cartésiens qui doivent être calculés pour chaque profondeur font exploser les combinatoires et nuisent terriblement aux performances du serveur.

Le modèle dans une base de documents passe par l'utilisation de références au sein des documents utilisateurs :

```
{
    'user':'0123456789',
    'friends':['0234567891', '0345678912']
}
```

L'indexation du champ *friends* permet de progresser de proche en proche.

Toutefois, ce modèle agrégé présente différentes limitations. Par exemple, dans le cadre de relations non dirigées (comme la relation d'amitié sur Facebook), il faut conserver l'information des liens dans les documents de chacun des deux utilisateurs connectés. Mettre à jour la relation, par exemple pour la supprimer, implique de manipuler deux objets.

Ajoutons quelques éléments qui peuvent être mis en favoris par les utilisateurs, en utilisant la même méthode.

```
{
    'user':'0123456789',
    'favoris':['0234567891', '0345678912']
}
```

De façon équivalente, si demain un des favoris était supprimé, il faudrait parcourir et modifier l'ensemble des documents où il est référencé. Dans une base relationnelle, seule la table des relations est manipulée pour supprimer les lignes visées.

Bien évidemment, nous sommes ici dans le domaine de prédilection des bases de graphes. Nous pourrions dire de façon tautologique que le graphe constitue la structure de données la plus adéquate pour le calcul de chemin sur graphe.

De plus, la problématique de suppression du favori est gérée très simplement en supprimant le nœud correspondant, ainsi que toutes les relations associées. Dans ce cas, seul le graphe est à même de fournir des requêtes performantes.

Intégration de données et Master Data Management

L'évolution historique des systèmes d'information dans les entreprises tend à favoriser l'émergence de silos de données par métiers. Dans le cadre d'une gouvernance efficace et orientée par les données, il est primordial de consolider les données critiques qui peuvent souffrir de cette dispersion et empêchent la construction d'une vision complète et fine de l'environnement de l'entreprise.

Cette intégration se fait généralement au sein d'un Data Warehouse. Pour l'ensemble des données, elle pose toutefois de sérieux défis aux infrastructures actuelles, qui fonctionnent sur le principe de silos isolés et qui sont orientées principalement vers des données hautement structurées.

Les Data Warehouses sont généralement bâtis autour de données structurées, au sein de bases de données relationnelles. Un travail important est nécessaire en amont pour définir les schémas des tables et l'architecture qui va assurer l'intégration depuis les bases opérationnelles.

D'un côté, l'acquisition et l'enregistrement des données sont assurés par des bases OLTP *(Online Transaction Process)*, qui gèrent les transactions nécessaires à l'entreprise au quotidien et sont optimisées pour l'écriture des différentes tâches et opérations qui rythment la vie de l'entreprise.

De l'autre, au moins un serveur de données forme le Data Warehouse, qui sert entre autres de système décisionnel. Il va servir à générer les rapports de suivi des activités, mettre à jour les tableaux de bord de pilotage et répondre à des requêtes spécifiques complexes propres aux différents métiers (OLAP ou *Online Analytical Process*).

Il est également très fréquent que, pour des raisons de performances, chaque métier dispose d'une extraction des données au sein de DataMarts dédiés.

Figure 2–13
Un processus standard de Data Warehouse, avec les nombreuses étapes types, de l'acquisition à l'exploitation de la donnée

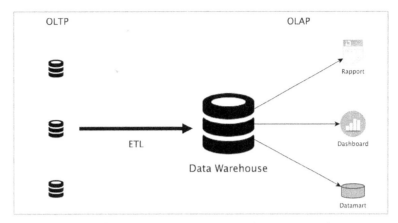

Entre les deux, différents systèmes ETL *(Extract-Transform-Load)* se chargent de récupérer et d'intégrer les différentes sources de données (opérations de nettoyage, de manipulation et de préparation des données).

Les bases OLAP et les DataMarts sont optimisés pour l'exploration et l'analyse, et ils sont séparés des bases OLTP pour ne pas interférer et nuire aux performances. Les données sont figées et disponibles pour l'analyse, dans un schéma favorisant l'exploration multidimensionnelle et le parcours de longues tables de données afin d'en dégager une vision synthétique qui résume les performances de l'entreprise.

La complexité inhérente à cette approche induit plusieurs limitations.

1 La restitution des informations capitales passe par différentes couches d'intégrations et de précalculs, qui induisent un temps de latence important. La donnée n'est pas exploitable immédiatement et l'analyste doit se contenter d'une vision globale du passé. De par la complexité des requêtes, les questions doivent être définies en amont, d'où une limite forte sur les processus de découverte d'informations inédites, puisque l'exploration est nécessairement biaisée vers la vision subjective des utilisateurs.

2 La rigidité des schémas freine l'intégration de nouvelles sources et nuit à la réactivité de l'entreprise, qui n'a pas la capacité de s'adapter rapidement à un changement dans les sources et les formats de données.

3 Ces systèmes ne sont pas adaptés aux requêtes ad hoc. Un processus complexe est nécessaire pour mettre en place de nouvelles requêtes, impliquant souvent du personnel technique qualifié.

4 Enfin, l'approche actuelle est totalement inadaptée aux données non structurées (textes, images, vidéos...), alors que celles-ci sont largement majoritaires par rapport aux données structurées.

Ces inconvénients sont pénalisants dans un cadre d'utilisation où il faut accéder aléatoirement à n'importe quel élément ou groupe d'éléments et obtenir systématiquement l'ensemble du contexte structurel au voisinage.

Là encore, le modèle de graphe dispose d'avantages particulièrement intéressants pour relever ces défis. Le premier est la garantie offerte par l'association d'une entité à un nœud unique au sein du graphe. L'intégrité référentielle est naturellement assurée, puisque la suppression d'un élément enlève également toutes les relations s'y rapportant au sein du graphe.

L'absence de schéma autorise à regrouper au sein d'un même graphe différentes entités (personnes, lieux, produits, textes...). Cette souplesse permet de construire un graphe unique, sur lequel on peut, par exemple, superposer le comportement des utilisateurs d'un site (suite à la visite d'une page ou l'achat d'un produit) aux informations structurelles entre les produits et les articles, comme les marques, les tags, mais aussi les relations issues des réseaux sociaux entre utilisateurs, ou encore les informations « mobiles » comme la géolocalisation. Cette superposition de graphes différents construit une vision la plus complète possible du contexte de connaissances et met à disposition l'ensemble des informations nécessaires pour établir des outils et des algorithmes de traitement et d'analyse sophistiqués (comme des analyses prédictives, des recommandations).

Conclusion

Le développement récent de l'information et des réseaux de communication a multiplié les besoins et favorisé l'émergence de différents paradigmes de stockage et de restitution de l'information.

Aujourd'hui, un expert dispose d'une grande variété de bases de données pour développer une application ou mettre en place un système d'information.

Les différentes options correspondent chacune à des cas d'usage précis et de plus en plus de solutions reposent sur une combinaison de plusieurs bases de données pour optimiser leur fonctionnement. On parle souvent de persistance polyglotte.

Dans ce contexte, les bases de graphes offrent la capacité de fournir une vision unifiée de l'ensemble des données et de favoriser l'analyse et l'exploration en profondeur.

Les relations dans une base de données graphe ne sont pas simplement logiques, mais aussi « physiques ». Chaque élément est directement relié à ses voisins, et la traversée se fait par propagation de proche en proche.

Le gain en performance est donc indéniable, puisqu'il n'y a aucune barrière logique lors du passage d'un nœud à un autre. À la différence d'une requête sur une base de données relationnelle, la profondeur d'une traversée n'influe que légèrement sur les performances.

La souplesse des schémas et l'autostructuration des données complexes simplifient l'identification et l'extraction de connaissances inédites à partir des données. Leur usage s'impose particulièrement lorsqu'au moins une des conditions suivantes est vraie :

- l'intégration concerne des données hétérogènes, complexes et fortement connectées ;
- le domaine et les données associées sont très variables et changent régulièrement dans le temps ;

- les données sont dispersées à travers différentes tables et elles nécessitent des jointures complexes pour répondre à des questions simples ;
- les temps des requêtes croissent exponentiellement avec le volume des données et soumettent le système à une forte charge.

Les bases de graphes ne sont cependant pas adaptées lorsque :

- les besoins sont purement orientés performances, notamment d'écriture de données massives sur des temps particulièrement courts (tout ce qui est stockage de contenus, de fichiers binaires et de médias, par exemple, avec des besoins de fonctionnalités de recherches avancées de texte) ;
- le stockage concerne des éléments homogènes, sans relations, sous forme de listes, dans le simple but de les mettre rapidement à disposition (systèmes de cache par exemple) ;
- les besoins sont uniquement des agrégations et des résumés statistiques portant systématiquement sur l'ensemble des données, ou encore des analytics basés sur du comptage pur et simple.

3

Installation de Neo4j

Pour de nombreux néophytes, utiliser un graphe pour réaliser un site web consiste à exploiter l'Open Graph de Facebook. Aussi intéressante que soit cette technologie, elle ne répond en aucun cas aux contraintes d'agilité, de performance et de confidentialité d'un développeur.

Mettre en œuvre un graphe au sein de son applicatif relève de la même démarche qu'utiliser une base de données relationnelle telle que MySQL ou SQL Server. Alors que dans l'univers relationnel vos données sont structurées sous forme d'enregistrements empilés dans des tables, les bases de données graphes organisent les données sous forme de nœuds et de relations.

Nous restons dans un paradigme client/serveur, où le premier (votre logiciel) envoie des requêtes au second (Neo4j) qui, une fois leur interprétation réalisée, retourne une réponse. En tant que serveur, Neo4j réside en mémoire et a la responsabilité de maintenir à jour un système de cache qui assure des temps de réponse extrêmement courts.

Alors qu'un choix particulièrement vaste de moteurs s'offre à vous au moment de sélectionner un système de gestion de bases de données relationnelles, les alternatives dans l'univers des bases de données orientées graphes se révèlent beaucoup plus restreintes. Neo4j fait figure de leader dans un marché où la concurrence se situe plutôt du côté des autres familles de bases de données NoSQL (bases de données clé/valeur, colonnes ou documents).

Créée en 2007 par une équipe de développeurs suédois, la société Neo migra bien vite dans la Silicon Valley où elle parvint très rapidement à lever plusieurs dizaines de millions de dollars.

Comme la plupart des éditeurs de technologies open source, le modèle économique de Neo repose sur la vente de licences premium donnant accès à des fonctionnalités avancées (haute disponibilité, sauvegarde à chaud) ainsi qu'à de l'assistance.

NOTIONS ABORDÉES

▸ Utilisation sous OS X, Windows et Linux

▸ Démarrage et arrêt du serveur

▸ Fichiers de configuration

▸ Console web

▸ Commandes

Installation

Écrit en Java, Neo4j est compatible avec les principaux systèmes d'exploitation du marché (OS X, Windows et Linux).

Concurrence

L'intérêt de l'industrie vis-à-vis des graphes s'accélérant chaque jour davantage, des alternatives ont fait leur apparition. Parmi celles-ci, Titan ou OrientDB tirent leur épingle du jeu dès lors que le projet nécessite un déploiement multiserveur. Le langage Cypher (présenté dans le chapitre 4) est cependant une caractéristique suffisamment puissante pour faire de Neo4j la solution de prédilection pour tout utilisateur cherchant à la fois de la souplesse, de la simplicité et de la performance.

Sous OS X

Avant de procéder à l'installation de Neo4j, il est nécessaire de vérifier que votre système dispose de l'environnement Java. La commande `/usr/libexec/java_home -V` liste les différentes versions de Java installées sur votre machine. Si vous ne disposez pas d'un environnement Java ou si votre version est plus ancienne que la 1.7 (`Java SE 7`), vous devez procéder à une installation. Apple recommande de télécharger la distribution proposée par Oracle (actuel « propriétaire » de Java). Veillez, au moment du téléchargement, à sélectionner la version JDK sur la page http://www.oracle.com/technetwork/java/javase/downloads/.

Le gestionnaire de paquets `brew` est la solution la plus simple pour installer Neo4j.

L'installation de `brew` consiste à copier la commande présente sur le site http://brew.sh et à la coller dans un Terminal (*Applications > Utilitaires > Terminal*).

```
> ruby -e "$(curl -fsSL https://raw.githubusercontent.com/Homebrew/install/master/
install)"
```

Si votre système ne dispose pas des outils de développement nécessaires à l'installation, `brew` vous propose automatiquement de télécharger une version allégée de Xcode (seuls les programmes en ligne de commande sont installés).

Une fois `brew` disponible sur votre machine, installez Neo4j en tapant la commande suivante :

```
> brew install neo4j
```

Commande brew

`brew` est la commande centrale qui vous permet de mettre à jour la liste des paquets (`brew update`) ou un paquet en particulier (par exemple, `brew upgrade neo4j`).

À partir de la version 2.3, Neo4j dispose également d'un programme d'installation dédié pour OS X. Il s'agit d'un fichier dmg qui met à disposition une interface pour démarrer et arrêter le serveur Neo4j.

Sous Windows et Linux

Installer Neo4j sous Windows 10 se résume à l'exécution d'un programme d'installation (version *community*) téléchargeable sur la page http://neo4j.com/download/. À l'issue de l'installation, un exécutable permet d'un simple clic de démarrer et d'arrêter le serveur.

Figure 3–1
Exécutable permettant d'arrêter et de démarrer Neo4j sous Windows

Sous Linux, la société Neo met à disposition un dépôt *(repository)* dédié pour Debian/Ubuntu qui permet d'installer Neo4j avec la commande standard apt-get.

```
sudo wget -O - http://debian.neo4j.org/neotechnology.gpg.key | sudo apt-key add -
sudo echo 'deb http://debian.neo4j.org/repo stable/' | sudo tee --append /etc/apt/
sources.list.d/neo4j.list
sudo apt-get update
sudo apt-get install neo4j
```

Le serveur peut ensuite être contrôlé avec la commande service.

```
sudo service neo4j-service start|stop|status
```

Un mode d'installation alternatif compatible avec toutes les distributions Linux consiste à télécharger la version « binaire » de Neo4j (version tar.gz). Il convient en revanche dans ce cas d'installer au préalable l'environnement Java.

Nous considérerons dans la suite de l'ouvrage que la plate-forme de référence est OS X.

Prise en main

Neo4j fait partie de la catégorie des serveurs *(daemons)*. Ces derniers ont la particularité de s'exécuter en tâche de fond et de ne s'arrêter qu'à la demande de l'utilisateur.

Démarrage du serveur

Le server Neo4j est démarré avec la commande suivante :

```
> neo4j start
```

Figure 3–2
Démarrage de Neo4j
depuis un shell

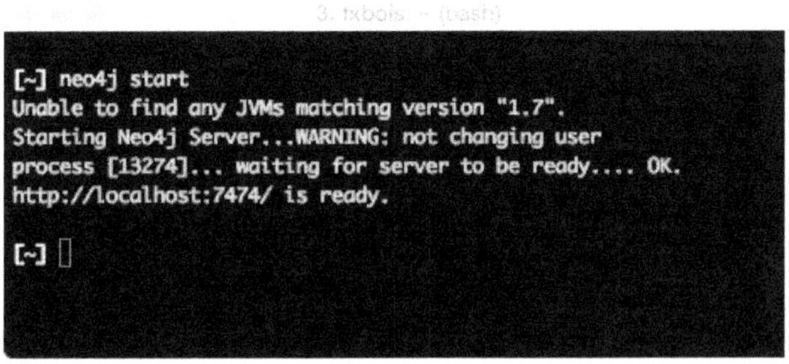

Les autres arguments disponibles sont :

- `stop`, pour arrêter le serveur ;
- `restart`, l'équivalent d'un `stop` suivi d'un `start` ;
- `status`, qui indique si le serveur est en cours d'exécution (le processus associé est affiché) ;
- `info`, qui liste différentes variables d'environnement liées à Java et Neo4j.

Mode embed

Il est également possible d'intégrer Neo4j directement au sein de votre application Java. Neo4j est alors lié à la manière d'une bibliothèque. Votre applicatif a la responsabilité de charger et décharger la base en mémoire. Cette solution est particulièrement utile pour distribuer un applicatif sans avoir à imposer une installation parallèle de Neo4j sur la machine de l'utilisateur.

Arborescence

Les fichiers associés au serveur Neo4j sont situés dans le répertoire `/usr/local/Cellar/neo4j/X.Y.Z/libexec` (où `X.Y.Z` correspond à la version de Neo4j que vous venez d'installer).

Trois répertoires attireront tout particulièrement notre attention :

- `bin`, qui contient les exécutables, notamment `neo4j` ;
- `conf`, qui comporte les fichiers de paramètres ;
- `data`, qui comprend le fichier correspondant au graphe (répertoire `graph.db`) et les fichiers de log (`log/*`).

Droits associés aux fichiers Neo4j

Un des principes fondateurs de `brew` consiste à faire en sorte que tous les fichiers installés vous « appartiennent » et qu'il n'y ait par conséquent aucun problème de « droits » de fichiers.

Fichiers de configuration

Le principal fichier de configuration est `conf/neo4j-server.properties`. Il permet notamment de préciser le chemin de la base de données (`org.neo4j.server.database.location`) et des paramètres réseau tels que le port associé au service Neo4j (`org.neo4j.server.webserver.port` dont la valeur est `7474` par défaut) et l'adresse IP sur laquelle le serveur écoute (`org.neo4j.server.webserver.address`). Neo4j, pour des raisons de sécurité, n'écoute par défaut que `localhost`. Un utilisateur sur le même réseau ne pourrait par conséquent pas accéder à votre console.

Toute modification d'un des fichiers de configuration doit être suivie d'un redémarrage de Neo4j (`neo4j restart`).

Le fichier `neo4j-wrapper.conf` est utilisé pour modifier les paramètres de Neo4j dans sa version serveur. Les paramètres `wrapper.java.initmemory` et `wrapper.java.maxmemory` permettent de lui allouer plus de mémoire. Avec la valeur `2048`, Neo4j pourrait utiliser jusqu'à deux gigaoctets de mémoire.

Opérations de maintenance

La vie du développeur est semée d'embûches. Il convient donc de se prémunir contre de potentiels crashs ou d'éventuelles failles de sécurité. Mettre en place une bonne politique de sauvegarde et systématiser la mise à jour du logiciel sont deux réflexes essentiels.

Réaliser une sauvegarde

`graph.db` contient les données du graphe. Une simple copie de ce répertoire est suffisante pour réaliser une sauvegarde. Ce répertoire peut également être transféré sur un autre ordinateur n'utilisant pas obligatoirement le même système d'exploitation.

Veillez cependant à garder en tête les deux principes suivants :
- toujours arrêter le serveur avant de réaliser une sauvegarde ou une copie ;
- copier les données vers un serveur Neo4j ayant une version supérieure ou égale au serveur Neo4j d'origine.

Mettre à jour Neo4j

Une simple commande `brew` met à jour Neo4j :

```
> brew upgrade neo4j
```

Si vous souhaitez récupérer votre graphe de travail, déplacez le répertoire `graph.db` dans le répertoire de la nouvelle version de Neo4j.

Neo4j se charge généralement automatiquement de mettre à jour la structure du graphe lors d'une montée de version. Dans certains cas cependant, une mise à jour explicite doit être réalisée. Il convient alors de décommenter la ligne `allow_store_upgrade=true` située dans le fichier `conf/neo4j.properties`. Il est par conséquent toujours important de lire la documentation qui accompagne une mise à jour de version (par exemple, http://neo4j.com/release-notes/neo4j-2-2-2/). Le fichier `UPGRADE.txt` à la racine de l'arborescence Neo4j propose également un résumé des montées de version sensibles.

L'interface web

Neo4j dispose par défaut d'une interface web accessible à l'adresse http://localhost:7474/.

Lors de votre première connexion, vous devez définir un nouveau mot de passe.

Le rôle de cette interface est multiple : donner accès à de la documentation, mettre à disposition des jeux de données et permettre de communiquer avec le serveur.

Figure 3–3
Console web de Neo4j

Le menu général

La colonne de gauche propose un menu composé de trois entrées.

- Icône *bulles* - Cette vue présente un résumé de l'état du graphe : les labels associés aux nœuds, les types associés aux relations, leurs propriétés. Le répertoire de stockage du graphe ainsi que sa taille sont également précisés.
- Icône *étoile* - On y retrouve le gestionnaire de favoris, ainsi qu'un raccourci vers l'éditeur de styles.
- Icône *i* - Ce module donne accès à la documentation consultable sur le site neo4j.com (les références) ou directement au sein de la console.

La console web

L'espace de travail central peut être assimilé à une console.

À la différence d'une console classique (shell sous Linux), l'invite de commande ne quitte jamais le haut de la fenêtre. Chaque exécution d'une commande conduit à la création d'un « panneau réponse ».

L'invite de commande

L'invite de commande *(prompt)* dispose de fonctionnalités avancées particulièrement appréciables dès lors que la console web devient votre interface privilégiée d'interaction avec le graphe.

Elle rend possible la navigation dans l'historique des commandes en utilisant les touches *Flèche haut* et *Flèche bas*. Le raccourci *Ctrl-Flèche haut* est nécessaire lorsque la commande s'étend sur plusieurs lignes.

Le passage en édition multiligne est obtenu avec la combinaison *Maj-Retour*. Les retours à la ligne suivants ne nécessitent que la touche *Retour*. En mode multiligne, l'exécution de la commande est déclenchée avec *Contrôle-Retour*.

Figure 3–4
Édition d'une commande Cypher
sur plusieurs lignes

```
CREATE (TheMatrix:Movie {title:"The Matrix", released:1999,
tagline:"Welcome to the Real World"})
CREATE (Keanu:Person {name:"Keanu Reeves", born:1964})
CREATE (Carrie:Person {name:"Carrie-Anne Moss", born:1967})
CREATE (Laurence:Person {name:"Laurence Fishburne", born:1961})
CREATE (Hugo:Person {name:"Hugo Weaving", born:1960})
```

Pour les commandes très longues, un mode plein écran est disponible avec la touche *Échap. (Escape)*.

Figure 3–5
Édition en mode plein écran

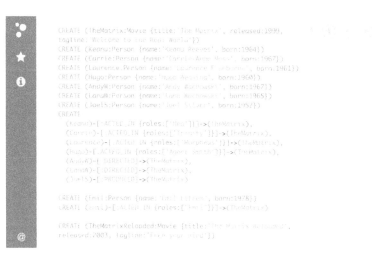

```
CREATE (TheMatrix:Movie {title:"The Matrix", released:1999,
tagline:"Welcome to the Real World"})
CREATE (Keanu:Person {name:"Keanu Reeves", born:1964})
CREATE (Carrie:Person {name:"Carrie-Anne Moss", born:1967})
CREATE (Laurence:Person {name:"Laurence Fishburne", born:1961})
CREATE (Hugo:Person {name:"Hugo Weaving", born:1960})
CREATE (AndyW:Person {name:"Andy Wachowski", born:1967})
CREATE (LanaW:Person {name:"Lana Wachowski", born:1965})
CREATE (JoelS:Person {name:"Joel Silver", born:1952})
CREATE
  (Keanu)-[:ACTED_IN {roles:["Neo"]}]->(TheMatrix),
  (Carrie)-[:ACTED_IN {roles:["Trinity"]}]->(TheMatrix),
  (Laurence)-[:ACTED_IN {roles:["Morpheus"]}]->(TheMatrix),
  (Hugo)-[:ACTED_IN {roles:["Agent Smith"]}]->(TheMatrix),
  (AndyW)-[:DIRECTED]->(TheMatrix),
  (LanaW)-[:DIRECTED]->(TheMatrix),
  (JoelS)-[:PRODUCED]->(TheMatrix)

CREATE (Emil:Person {name:"Emil Eifrem", born:1978})
CREATE (Emil)-[:ACTED_IN {roles:["Emil"]}]->(TheMatrix)

CREATE (TheMatrixReloaded:Movie {title:"The Matrix Reloaded",
released:2003, tagline:"Free your mind"})
```

D'autres raccourcis d'édition sont disponibles :

- *Ctrl-a* : début de ligne ;
- *Ctrl-e* : fin de ligne ;
- *Ctrl-b* : un caractère en arrière ;

- *Ctrl-f* : un caractère en avant ;
- *Ctrl-d* : suppression du caractère sous le curseur.

Trois icônes sont proposées sur la droite de l'invite de commande :

- *étoile* : elle est utilisée pour mettre en favori la commande en cours d'édition. Le gestionnaire de favoris se situe sur la droite en passant par le menu *étoile*. Il est possible de classer ses favoris en créant des répertoires et en réalisant des glisser/déposer. En cliquant sur le label du favori, la commande est placée dans l'invite de commande. En cliquant sur le triangle, elle est directement exécutée ;
- *plus* : ce bouton vide le prompt et permet d'éditer une nouvelle commande ;
- *triangle* : il déclenche à la souris l'exécution de la commande. Une exécution est plus généralement provoquée par la touche de retour à la ligne.

Console texte

Neo4j dispose également d'une console en mode texte pouvant être exécutée au sein d'un terminal : `neo4j-shell`. Cet outil est particulièrement utile pour réaliser des tâches d'administration sur un serveur distant (autoriser l'accès à la console web en dehors d'un réseau local étant vivement déconseillé). Cette console dispose d'un grand nombre de commandes qui servent à créer des éléments (`mknode`, `mkrel`) et à se déplacer de nœud en nœud. Une transposition de commandes telles que `cd` (se déplacer dans un nœud), `cd ..` (pour revenir au nœud précédent) ou `ls` (lister les relations du nœud) a été réalisée dans un contexte « graphe ». Cette console est également en mesure d'interpréter des requêtes Cypher, mais elle se révèle moins « docile » que la console web.

Les panneaux de réponse

Chaque panneau est surmonté d'une barre d'actions.

La commande située en haut à gauche du panneau fait office de rappel et permet, d'un simple clic, de replacer cette commande au sein de l'invite de commande.

Différentes icônes sont proposées sur la droite pour :

- agrandir le panneau ;
- le fermer ;
- le fixer sous l'invite de commande.

Figure 3–6
Icônes associées à l'invite
de commande

Le panneau propose des fonctionnalités différentes en fonction du type de contenu qu'il affiche.

S'il s'agit d'un panneau d'aide, des puces (en bas) et des flèches (à gauche et à droite) servent à passer d'une page à l'autre. Les contenus peuvent proposer des liens cliquables qui initialisent l'invite de commande.

Figure 3–7
Différents modes de navigation
au sein d'un panneau d'aide

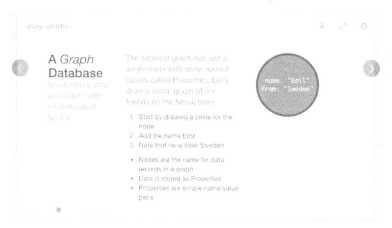

Lorsque le panneau contient le résultat d'une requête Cypher, la barre d'action s'enrichit d'un bouton pour exporter le graphe affiché. Plusieurs formats sont proposés : JSON, CSV, SVG, PNG. Les autres fonctionnalités de ce type de panneau sont décrites dans le chapitre suivant.

Figure 3–8
Différents formats d'export
d'une vue graphique

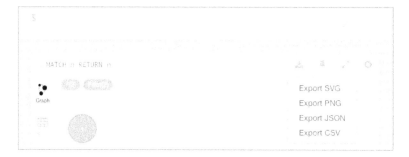

Les commandes disponibles

Tout comme un shell dispose de commandes intégrées (par exemple, cd ou set), la console web met à disposition un grand nombre de commandes pour réaliser la plupart des opérations de supervision et d'interaction.

Commande :PLAY

La commande :PLAY donne à la fois accès à des guides interactifs et à des jeux de données.

- :play cypher offre une introduction au langage Cypher (qui est décrit dans le chapitre suivant).
- :play movies permet en quelques clics de charger un graphe complet dans l'univers du cinéma. Ce graphe sera d'ailleurs utilisé dans le chapitre consacré au langage Cypher.

* :play query template sert à composer des requêtes Cypher de façon interactive.

Figure 3–9
Création interactive
d'une requête Cypher

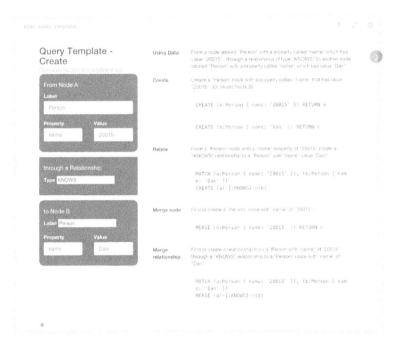

* :play sysinfo propose un condensé d'informations sur l'état du système et du graphe.

Figure 3–10
Différentes métriques relatives
au graphe

Commandes :GET et :POST

Les commandes :GET et :POST donnent accès aux ressources du graphe en mode REST.
L'avantage de cette solution par rapport à l'utilisation de la commande curl depuis un shell

est de simplifier la transmission des requêtes (domaine, port et *credentials* n'ont pas besoin d'être spécifiés) et de faciliter la lecture des réponses au format JSON.

Utiliser curl

L'utilisation de `curl` est rendue d'autant plus complexe depuis la mise en place de l'authentification. Affecter la valeur `false` au paramètre `dbms.security.auth_enabled` dans le fichier `neo4j-server.properties` permet d'outrepasser cette vérification.

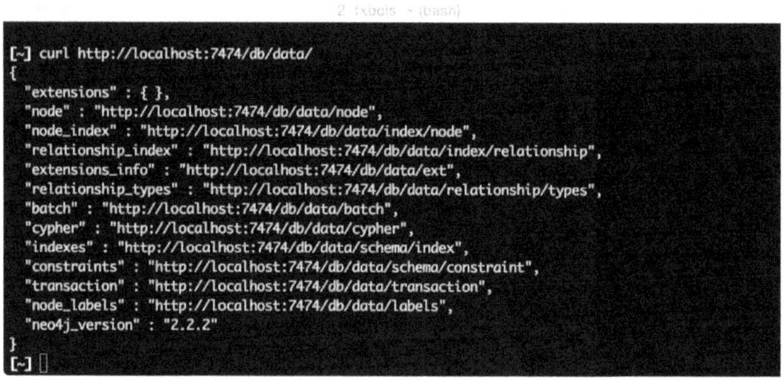
[~] curl http://localhost:7474/db/data/
{
"extensions" : { },
"node" : "http://localhost:7474/db/data/node",
"node_index" : "http://localhost:7474/db/data/index/node",
"relationship_index" : "http://localhost:7474/db/data/index/relationship",
"extensions_info" : "http://localhost:7474/db/data/ext",
"relationship_types" : "http://localhost:7474/db/data/relationship/types",
"batch" : "http://localhost:7474/db/data/batch",
"cypher" : "http://localhost:7474/db/data/cypher",
"indexes" : "http://localhost:7474/db/data/schema/index",
"constraints" : "http://localhost:7474/db/data/schema/constraint",
"transaction" : "http://localhost:7474/db/data/transaction",
"node_labels" : "http://localhost:7474/db/data/labels",
"neo4j_version" : "2.2.2"
}
[~]

Figure 3–11
Accès à une ressource REST avec curl, l'authentification ayant été désactivée

Le principe du REST est de donner accès aux données du graphe par le biais d'URL. Les exemples qui suivent illustrent la capacité de « descendre » une arborescence de plus en plus profonde pour accéder à des données de plus en plus ciblées : nous commençons par accéder au graphe, puis à un nœud du graphe, aux propriétés de ce nœud et, enfin, à la valeur d'une de ces propriétés.

```
:GET /db/data
```

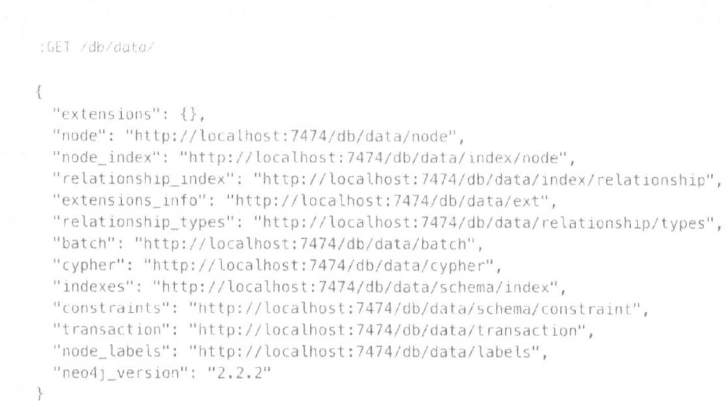
:GET /db/data/
{
"extensions": {},
"node": "http://localhost:7474/db/data/node",
"node_index": "http://localhost:7474/db/data/index/node",
"relationship_index": "http://localhost:7474/db/data/index/relationship",
"extensions_info": "http://localhost:7474/db/data/ext",
"relationship_types": "http://localhost:7474/db/data/relationship/types",
"batch": "http://localhost:7474/db/data/batch",
"cypher": "http://localhost:7474/db/data/cypher",
"indexes": "http://localhost:7474/db/data/schema/index",
"constraints": "http://localhost:7474/db/data/schema/constraint",
"transaction": "http://localhost:7474/db/data/transaction",
"node_labels": "http://localhost:7474/db/data/labels",
"neo4j_version": "2.2.2"
}

Figure 3–12
Informations sur le graphe

```
:GET /db/data/node/1
```

```
{
  "extensions": {},
  "metadata": {
    "id": 1,
    "labels": [
      "Person"
    ]
  },
  "paged_traverse": "http://localhost:7474/db/data/node/1/paged/traverse/{returnType}{?pageSize,leaseTime}",
  "outgoing_relationships": "http://localhost:7474/db/data/node/1/relationships/out",
  "outgoing_typed_relationships": "http://localhost:7474/db/data/node/1/relationships/out/{-list|&|types}",
  "create_relationship": "http://localhost:7474/db/data/node/1/relationships",
  "labels": "http://localhost:7474/db/data/node/1/labels",
  "traverse": "http://localhost:7474/db/data/node/1/traverse/{returnType}",
  "all_relationships": "http://localhost:7474/db/data/node/1/relationships/all",
  "all_typed_relationships": "http://localhost:7474/db/data/node/1/relationships/all/{-list|&|types}",
  "property": "http://localhost:7474/db/data/node/1/properties/{key}",
  "self": "http://localhost:7474/db/data/node/1",
  "incoming_relationships": "http://localhost:7474/db/data/node/1/relationships/in",
  "properties": "http://localhost:7474/db/data/node/1/properties",
  "incoming_typed_relationships": "http://localhost:7474/db/data/node/1/relationships/in/{-list|&|types}",
  "data": {
    "born": 1964,
    "name": "Keanu Reeves"
  }
}
```

Figure 3–13 Informations sur le nœud dont l'identifiant est 1

```
:GET /db/data/node/1/properties/
```

Figure 3–14
Propriétés du nœud 1

```
{
  "born": 1964,
  "name": "Keanu Reeves"
}
```

```
:GET /db/data/node/1/properties/name
```

Figure 3–15
Valeur associée à la propriété name
du nœud 1

```
Keanu Reeves
```

Le mode REST permet également de transmettre des requêtes Cypher.

```
:POST /db/data/cypher { "query": "MATCH (n) RETURN n" }
```

Figure 3–16
Réponse d'une requête Cypher
transmise en mode REST

```
{
  "columns": [
    "n"
  ],
  "data": [
    [
      {
        "extensions": {},
        "metadata": {
          "id": 0,
          "labels": [
            "Movie"
          ]
        },
        "paged_traverse": "http://localhost:7474/db/data/node/0/paged/traverse/{returnType}{?pageSize,leaseTime}",
        "outgoing_relationships": "http://localhost:7474/db/data/node/0/relationships/out",
        "outgoing_typed_relationships": "http://localhost:7474/db/data/node/0/relationships/out/{-list|&|types}",
        "create_relationship": "http://localhost:7474/db/data/node/0/relationships",
        "labels": "http://localhost:7474/db/data/node/0/labels",
        "traverse": "http://localhost:7474/db/data/node/0/traverse/{returnType}",
        "all_relationships": "http://localhost:7474/db/data/node/0/relationships/all",
        "all_typed_relationships": "http://localhost:7474/db/data/node/0/relationships/all/{-list|&|types}",
        "property": "http://localhost:7474/db/data/node/0/properties/{key}",
        "self": "http://localhost:7474/db/data/node/0",
        "incoming_relationships": "http://localhost:7474/db/data/node/0/relationships/in",
        "properties": "http://localhost:7474/db/data/node/0/properties",
        "incoming_typed_relationships": "http://localhost:7474/db/data/node/0/relationships/in/{-list|&|types}",
        "data": {
          "tagline": "Welcome to the Real World",
          "released": 1999,
          "title": "The Matrix"
        }
      }
    ],
    [
      {
        "extensions": {},
        "metadata": {
```

:GET et :POST font référence aux méthodes mises en œuvre pour réaliser ces requêtes HTTP. La méthode GET est utilisée pour les opérations de lecture alors que POST est privilégiée pour l'écriture. Une requête Cypher étant en mesure de « modifier » les données du graphe, la méthode associée est donc :POST.

Commande :HELP

Comme son nom l'indique, la commande :HELP fournit de l'aide, à la fois sur des concepts généraux (par exemple, :help cypher), sur les autres commandes (par exemple, :help play) et sur les clauses du langage Cypher (par exemple, :help create).

Figure 3–17
Panneau d'aide

Autres commandes

- :clear supprime les panneaux de résultats.
- :style ouvre l'éditeur de styles.

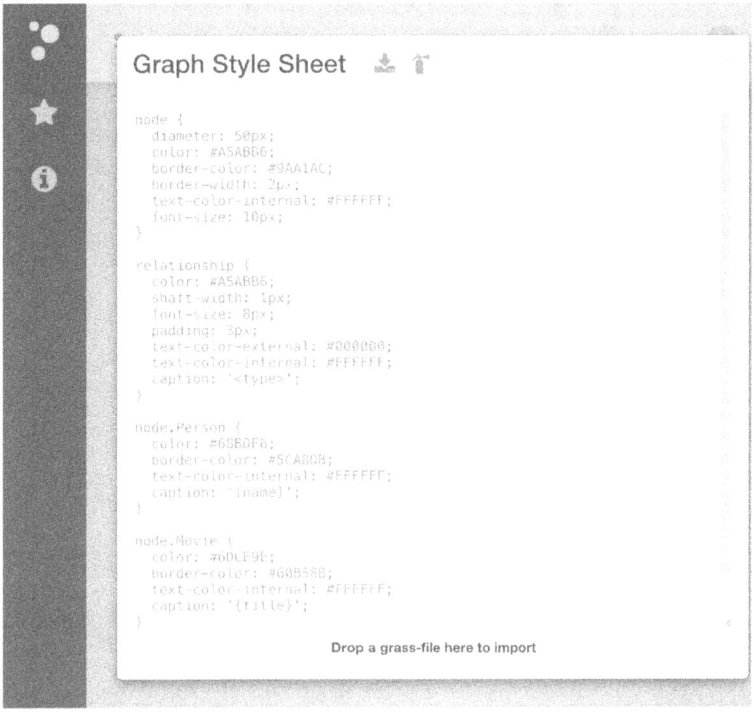

Figure 3–18
Édition des styles

Graph Style Sheet

```
node {
    diameter: 50px;
    color: #A5ABB6;
    border-color: #9AA1AC;
    border-width: 2px;
    text-color-internal: #FFFFFF;
    font-size: 10px;
}

relationship {
    color: #A5ABB6;
    shaft-width: 1px;
    font-size: 8px;
    padding: 3px;
    text-color-external: #000000;
    text-color-internal: #FFFFFF;
    caption: '<type>';
}

node.Person {
    color: #68BDF6;
    border-color: #5CA8DB;
    text-color-internal: #FFFFFF;
    caption: '{name}';
}

node.Movie {
    color: #6DCE9E;
    border-color: #60B58B;
    text-color-internal: #FFFFFF;
    caption: '{title}';
}
```

Drop a grass-file here to import

• :config permet de visualiser et de modifier le paramétrage de la console web (ces paramètres sont stockés directement dans votre navigateur).

Figure 3–19
Paramètres associés
à la console web

```
:config

{
  "cmdchar": ":",
  "endpoint": {
    "console": "/db/manage/server/console",
    "jmx": "/db/manage/server/jmx/query",
    "rest": "/db/data",
    "cypher": "/db/data/cypher",
    "transaction": "/db/data/transaction",
    "authUser": "/user"
  },
  "host": "",
  "maxExecutionTime": 3600,
  "heartbeat": 60,
  "maxFrames": 50,
  "maxHistory": 100,
  "maxNeighbours": 100,
  "maxNodes": 1000,
  "maxRows": 1000,
  "filemode": false,
  "maxRawSize": 5000,
  "scrollToTop": true,
  "showVizDiagnostics": false,
  "acceptsReplies": false,
  "enableMotd": true,
  "initCmd": ":play start",
  "refreshInterval": 10,
  "userName": "Graph Friend",
  "shouldReportUdc": false
}
```

La modification d'un paramètre est réalisée ainsi :

```
:config maxHistory 200
```

- :history liste les commandes précédemment tapées dans l'invite de commande.

Figure 3–20
Historique des dernières
commandes tapées dans
l'invite de commande

- :schema liste les index et les contraintes associés au graphe (voir le chapitre consacré à Cypher).

Figure 3–21
Visualisation du schéma associé
au graphe

- :server status donne des informations sur la connexion en cours avec le serveur.

Figure 3–22
Affichage d'un message d'erreur

Les commandes ne commençant pas par : sont interprétées comme des requêtes Cypher (langage présenté dans le chapitre suivant).

```
MATCH (n) RETURN n
```

Webadmin

L'interface web d'origine de Neo4j reste disponible à l'adresse http://localhost:7474/webadmin.

Son intérêt repose aujourd'hui sur les onglets *Dashboard* et *Server info* qui n'ont pas d'équivalent dans la nouvelle console web.

* L'onglet *Dashboard* renvoie un historique du nombre d'éléments dans le graphe : nœuds, relations, propriétés.

Figure 3–23
Graphique illustrant l'évolution du nombre d'entités du graphe dans la durée

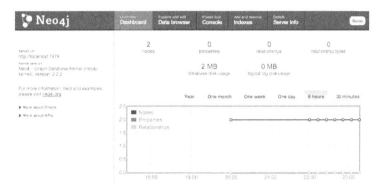

* L'onglet *Server info* affiche un grand nombre de paramètres à la fois sur le serveur (*org.neo4j>Configuration*) et sur l'environnement Java.

Figure 3–24
Affichage de différentes propriétés du graphe et du contexte d'exécution

4

Le langage Cypher

Concevoir un système de gestion de bases de données ne se limite pas à la création d'un moteur de stockage performant et robuste. Permettre aux utilisateurs d'exprimer simplement les actions qu'ils souhaitent réaliser sur ces données est un enjeu tout aussi important.

Alors que l'enregistrement de données est une opération basique, la lecture est un domaine beaucoup plus vaste dans la mesure où les besoins sont particulièrement variés. Toutes les combinaisons de filtres, de tris, de formatages et d'agrégations doivent pouvoir être exprimées avec une syntaxe à la fois simple et accessible.

Dans l'univers des bases de données relationnelles, le langage SQL permet aux utilisateurs de décrire les opérations qu'ils souhaitent réaliser sur les données. On parle de langage déclaratif dans la mesure où l'utilisateur décrit ce qu'il souhaite obtenir plutôt que la manière de le faire. En transmettant au serveur la requête `SELECT * FROM utilisateur WHERE nom="dupont"`, l'utilisateur exprime le souhait de récupérer tous les enregistrements (`SELECT *`) de la table `utilisateur` (`FROM utilisateur`) dont la colonne `nom` contient la valeur `dupont` (`WHERE nom="dupont"`). Standard particulièrement répandu, ce langage a l'avantage d'être compatible avec une multitude de moteurs : MySQL, PostgreSQL, Oracle, etc.

Dans le monde des bases de données orientées graphes, Gremlin fut le premier langage à émerger. Conscients des limitations de ce langage, les ingénieurs de Neo abandonnèrent assez rapidement Gremlin pour se concentrer sur la création de leur propre langage : Cypher. Maîtres à bord, ils définirent un langage beaucoup plus expressif, en mesure de tirer parti des fonctionnalités avancées de Neo4j.

Ce chapitre propose un tour d'horizon du langage Cypher et décrit les opérations essentielles que sont la création, l'extraction, la mise à jour et la suppression de nœuds et de relations. Nous décrirons les clauses associées à ces opérations (CREATE, MATCH, MERGE, DELETE) et nous nous arrêterons sur la notion essentielle de filtrage par motifs (pattern matching).

NOTIONS ABORDÉES

▷ Création de nœuds, relations et entités

▷ Associations de labels, types et propriétés

▷ Utilisation des identifiants

▷ Lecture de données

▷ Personnalisation des réponses

▷ Filtrage par motifs

▷ Script Cypher

▷ Importation de fichiers CSV

Création d'entités

Cette partie présente les requêtes Cypher qui servent à créer les entités du graphe, à savoir les nœuds et les relations. Elle présente également les outils mis à notre disposition pour classer ces entités et leur adjoindre des propriétés complémentaires.

Créateur du langage Gremlin

Gremlin fut conçu par Marko A. Rodriguez, qui est également derrière le principal concurrent de Neo4j : le moteur Titan. Sa société Aurelius fut achetée début 2015 par l'éditeur DataStax.

Nous utiliserons la console web (http://localhost:7474) pour transmettre nos requêtes et visualiser les réponses.

Créer un nœud

La clause CREATE est utilisée pour créer un nœud. Comme nous l'avons vu dans le chapitre précédent, l'invite de commande interprète comme une requête Cypher toute commande ne commençant pas par le caractère :. Exécutons notre première requête :

```
CREATE ()
```

Figure 4–1
Message affiché suite
à la création d'un nœud

Un panneau réponse affiche Created 1 node, statement executed in x ms, confirmant ainsi qu'un nœud a bien été créé.

Aide sur la syntaxe

Il est possible d'obtenir de l'aide sur la syntaxe du langage Cypher avec la commande :help cypher. Une aide spécifique est également disponible pour la plupart des clauses (par exemple, :help create).

Associer un label

Il est possible de classer les nœuds dans des catégories en leur associant un label. Cette association met en œuvre la syntaxe :Label.

```
CREATE (:Film)
Added 1 label, created 1 node, statement executed in x ms.
```

Neo4j nous informe qu'il a bien créé un nœud et lui a associé un label.

Plusieurs labels peuvent être associés à un même nœud. La syntaxe devient alors :Label1:Label2.

```
CREATE (:Film:Opera)
```

Plusieurs nœuds peuvent être créés avec une même clause CREATE ; ils sont alors séparés par une virgule.

```
CREATE (:Film), (:Opera)
```

Il s'agit bien dans ce cas d'une création de deux nœuds disposant chacun d'un label associé.

Utiliser des identifiants

Nous allons désormais créer un nœud en lui associant un nom temporaire.

```
CREATE (f:Film)
```

Cette commande crée un nœud de label :Film et lui associe la référence f durant toute la durée de la requête. Cette référence temporaire est appelée un identifiant ; elle est volatile et disparaît à l'issue de l'exécution de la requête.

Disposer de cet identifiant nous permet par exemple d'accéder au nœud juste créé et de le retourner à l'aide de la clause RETURN.

```
CREATE (f:Film) RETURN f
```

Cette dernière indique au serveur ce qu'il doit nous transmettre dans sa réponse. Dans le cas présent, nous souhaitons obtenir une référence au nœud qui vient d'être créé.

Ayant détecté que la réponse comportait une référence à un nœud, la console nous propose un panneau réponse enrichi d'une colonne latérale. Cette colonne située à gauche dispose de deux icônes qui permettent de basculer d'une vue « graphique » à une vue « liste ».

Figure 4–2
Vue graphique d'un nœud
juste créé

Les deux barres d'information qui délimitent la vue graphique seront décrites plus bas.

Refcard

La page http://neo4j.com/docs/2.0/cypher-refcard/ propose un condensé en une page de la syntaxe Cypher… un pense-bête bien pratique à toujours avoir sous la main.

La clause RETURN permet de préciser une multitude d'expressions telles que des nœuds, des relations, des chemins et des résultats d'opérations qui seront décrites plus bas.

Associer des propriétés

La valeur affichée au centre du nœud correspond à la référence numérique unique que Neo4j attribue automatiquement à chaque nouveau nœud. Il s'agit d'un identifiant technique utilisé en interne par le moteur. Aucune garantie n'étant offerte par Neo4j sur sa pérennité, il est préférable d'éviter d'en faire un usage direct.

L'identification doit plutôt reposer sur le ciblage d'attributs que Neo4j permet d'associer librement aux nœuds. Ces attributs sont appelés des propriétés et sont exprimés sous la forme d'un objet JSON : {propriété1:valeur1, propriété2:valeur2, etc.}.

Créons un nouveau nœud film disposant des propriétés titre et annee.

```
CREATE (f:Film {titre:"Shining", annee:1980}) RETURN f
```

Noms de propriétés

Les clés de l'objet doivent absolument être des symboles. Utiliser la chaîne de caractères "titre" plutôt que le symbole titre provoquerait une erreur. Seuls les caractères alphanumériques (a-z, A-Z, 0-9) et le caractère _ sont autorisés pour les noms de propriétés. Cette contrainte est identique pour les noms d'identifiants.

En cliquant sur le nœud, la barre inférieure d'état affiche les propriétés associées.

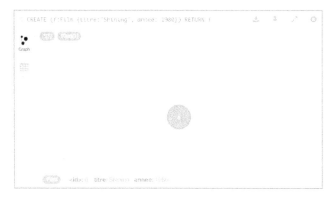

La valeur associée à une propriété peut être de type caractère, chaîne de caractères, numérique (entier, nombre flottant) ou booléen. Compte tenu de l'utilisation du format JSON, les formats suivants sont plus particulièrement exploités : int, float, boolean, string.

Créons un nœud disposant de propriétés illustrant ces différents formats.

```
CREATE (Stanley:Realisateur {nom:"Stanley Kubrick", vivant:false, naissance:1928,
taille:1.69}) RETURN Stanley
```

Il est également possible d'associer un tableau de valeurs à une propriété. Les éléments du tableau doivent en revanche être de même type.

```
CREATE (Stanley:Realisateur {nom:"Stanley Kubrick", films:["2001","Shining"]})
RETURN Stanley
```

Une propriété {films:[2001,"Shining"]} serait invalide dans la mesure où le tableau contiendrait à la fois un élément de type chaîne de caractères ("Shining") et une valeur numérique (2001).

Schémas libres

Aucune déclaration de schéma n'est nécessaire pour associer des propriétés à un nœud. Des propriétés différentes peuvent être associées à des nœuds partageant un même label.

Créer un chemin

La création d'un chemin met en œuvre la notion de motif *(pattern)*. Ce dernier correspond à une syntaxe textuelle « représentant » de façon simple et expressive une « forme » de chemin au sein du graphe.

Un chemin type est figuré ainsi : (a)-->(b). Un nœud, dont la représentation graphique la plus commune est un cercle, est symbolisé par le motif (). Nous avons déjà rencontré ce motif avec la clause CREATE.

Le motif « flèche » `-->` est utilisé pour symboliser une relation. Une direction peut être associée à la relation : `(a)-->(b)` et `(a)<--(b)` modélisent des chemins différents, alors que `(a)-->(b)` et `(b)<--(a)` sont identiques (il s'agit bien à chaque fois de relations allant de `a` vers `b`).

Alors qu'il est possible de classer les nœuds dans des catégories grâce aux labels, la notion de « type » est utilisée pour les relations. Une relation de type « a joué dans » est exprimée de la manière suivante : `-[:A_JOUE_DANS]->`.

À la différence des labels qui sont facultatifs pour les nœuds, un type doit obligatoirement être associé à une relation au moment de sa création. La précision d'une direction est également nécessaire.

Autocréation des labels et des types

Neo4j se charge de créer automatiquement les labels et les types qu'il ne « connaît » pas.

Créons un chemin exprimant le fait que `Tom Cruise` joue dans le film `Cocktail`.

```
CREATE (:Acteur {nom:"Tom Cruise"})-[:A_JOUE_DANS]->(:Film {titre:"Cocktail"})
```

Un identifiant peut également être associé à un chemin au moment de sa création.

```
CREATE c= (:Acteur {nom:"Tom Cruise"})-[:A_JOUE_DANS]->(:Film {titre:"Cocktail"})
RETURN c
```

Figure 4–4
Affichage d'un chemin

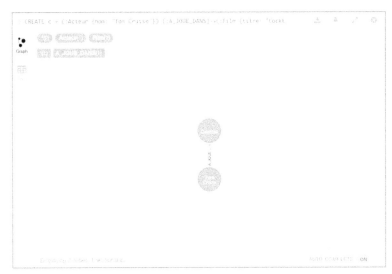

L'association de propriétés à une relation repose également sur l'utilisation d'un objet JSON.

Ajoutons une propriété à la relation :A_JOUE_DANS.

```
CREATE c= (:Acteur {nom:"Tom Cruise"})-[:A_JOUE_DANS {role:"Brian Flanagan"}]-
>(:Film {titre:"Cocktail"}) RETURN c
```

Pour ce chemin, Neo4j crée automatiquement deux nœuds et une relation. Ces différentes entités peuvent chacune disposer d'un identifiant.

```
CREATE c= (a:Acteur {nom:"Tom Cruise"})-[r:A_JOUE_DANS]->(f:Film {titre:"Cocktail"})
RETURN c, a, r, f
```

Majuscules/minuscules

Neo4j est sensible à la casse. Ainsi, le type :A_JOUE_DANS est différent de :a_joue_dans. L'utilisation des majuscules pour les types est très répandue.

Il est intéressant de noter que les ingénieurs de Neo sont allés assez loin au niveau de l'interactivité des vues graphiques.

Nœuds et relations peuvent en effet être déplacés avec un simple glisser/déposer. Cette fonctionnalité est particulièrement utile lorsque la disposition par défaut des nœuds n'est pas optimale. À des fins d'explication/illustration, il est souvent intéressant de procéder à des regroupements de nœuds pour matérialiser le fait qu'ils font partie d'un même ensemble logique.

Il est également possible de déplacer le graphe en cliquant sur le fond du panneau et en le déplaçant. Cette fonctionnalité est essentielle dès lors que Neo4j ne parvient pas à afficher tous les nœuds dans la zone visible du panneau réponse.

Les propriétés associées aux nœuds et relations apparaissent dans la barre de statut, en cliquant sur l'entité souhaitée (nœud ou relation).

Figure 4–5
Affichage des propriétés associées
à la relation :A_JOUE_DANS

Parcourir le graphe est possible en double-cliquant sur un nœud. Les relations avec les voisins apparaissent alors et permettent de cheminer d'un nœud à l'autre.

L'enrichissement automatique des vues graphiques est une fonctionnalité intéressante qu'il convient de décrire. Par défaut, Neo4j affiche les relations entre les sous-graphes inclus dans une réponse. Cette fonctionnalité peut être désactivée en passant à off l'interrupteur AUTO-COMPLETE situé en bas à droite du panneau résultat.

Figure 4–6
Affichage des nœuds Tom Crise
et Top Gun avec AUTO-COMPLETE
à on

Figure 4–7
Affichage des nœuds Tom Cruise
et Top Gun avec AUTO-COMPLETE
à off

Personnaliser l'affichage

L'affichage des graphes est personnalisable en cliquant sur un label ou un type.

Figure 4–8
Barre d'action permettant la
personnalisation de l'affichage

L'option la plus intéressante est la capacité d'indiquer la propriété à utiliser comme étiquette pour identifier les nœuds. Cette propriété est alors préférée à l'id interne.

Vous pouvez également spécifier, pour chaque type ou label, une couleur de fond et une épaisseur de trait.

Les préférences graphiques sont enregistrées dans le Graph Style Sheet (*Étoile>Styling* ou commande :style). L'éditeur propose un mécanisme d'import/export pour partager votre feuille de styles.

Créer dynamiquement une relation

Il est possible de créer une relation entre des nœuds existants dans le graphe. Il convient pour cela de récupérer une référence aux deux nœuds qui formeront les extrémités de cette relation.

Nous utilisons la clause MATCH pour cibler un nœud du graphe.

Accédons au nœud :Realisateur Stanley Kubrick.

```
MATCH (r:Realisateur {nom:"Stanley Kubrick"}) RETURN r
```

Disposer de ces deux nœuds nous permet de créer un chemin à l'aide de la clause CREATE.

```
MATCH (r:Realisateur {nom:"Stanley Kubrick"}), (f:Film {titre:"Shining"}) CREATE
c=(r)-[:A_REALISE]->(f) RETURN c
```

La clause CREATE est capable de combiner la création de nœuds et de relations.

```
CREATE (r:Realisateur {nom:"Francis Ford Coppola"}), (f:Film
{titre:"Apocalypse Now"}), c=(r)-[:A_REALISE]->(f) RETURN c
```

Neo4j autorise la création de plusieurs relations identiques entre deux nœuds. La clause CREATE UNIQUE indique que nous ne souhaitons créer cette relation que si elle n'existe pas déjà.

```
MATCH (r:Realisateur {nom:"Stanley Kubrick"}), (f:Film {titre:"Shining"})
CREATE UNIQUE c=(r)-[:A_REALISE]->(f) RETURN c
```

Type et direction

Un type et une direction doivent obligatoirement être précisés au moment de la création d'une relation. Nous verrons par la suite que les requêtes de lecture pourront passer outre.

Lecture de données

L'insertion d'éléments dans une base de données est un mal nécessaire qui ne nécessite aucune expertise ou stratégie particulière. Il en va tout autrement de l'extraction de données, qui est une science subtile mettant en œuvre un nombre important de concepts.

Avant de composer nos premières requêtes de lecture, nous allons charger dans notre graphe un jeu complet de données qui illustrera nos exemples.

Réinitialiser le graphe

Commençons par réinitialiser notre base afin de repartir sur un graphe vierge. La solution la plus efficace consiste à supprimer physiquement le graphe du disque dur.

Dans un terminal, tapez `neo4j info` pour afficher la valeur de la variable globale `NEO4J_HOME`.

```
/usr/local/Cellar/neo4j/2.2.2/libexec
```

Placez-vous dans ce répertoire et arrêtez le server Neo4j.

```
> neo4j stop
```

Vous pouvez alors supprimer le répertoire `data/graph.db`.

```
> rm -r data/graph.db
```

Relancez le serveur.

```
> neo4j start
```

La commande `:play sysinfo` nous confirme que notre graphe est vide.

Figure 4–9
Les métriques du graphe
confirment que ce dernier est vide.

Les favoris (*Étoile>Favorites*) et les styles (*Étoile>Styling*) sont en revanche conservés. Ils sont en effet stockés dans le `Local Storage` du navigateur.

Figure 4–10
Utilisation de l'outil
de développement de Chrome
pour visualiser les paramètres
utilisés par la console web
de Neo4j

Vider le graphe avec une requête Cypher

La requête Cypher suivante permet également de vider le graphe.

```
MATCH (n) OPTIONAL MATCH (n)-[r]-() DELETE n,r
```

L'inconvénient de cette solution est de laisser des « traces » des anciennes données : labels et types restent en effet associés au graphe.

Nous allons maintenant importer un jeu de données relatif au cinéma que nous exploiterons pour illustrer les exemples de ce chapitre.

Tapez dans l'invite de commande Neo4j la commande :play movies. Puis cliquez sur la zone grisée pour charger les requêtes Cypher dans l'invite de commande (utilisez la touche *Échap* si vous souhaitez disposer d'une zone de lecture plus vaste). Exécutez enfin ces requêtes en cliquant sur le bouton en forme de triangle à droite de l'invite de commande.

Figure 4–11
Importation du jeu de données
« movies »

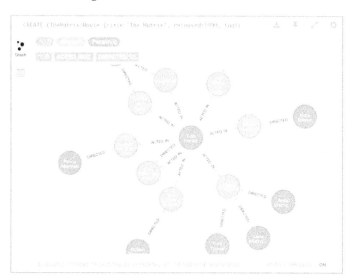

Ces requêtes créent un ensemble de nœuds individus (label :Person) liés à des nœuds films (:Movie). Les individus sont reliés aux films par des relations de différents types :

- :DIRECTED (a dirigé) ;
- :ACTED_IN (a joué dans) ;
- :PRODUCED (a produit) ;
- :WROTE (a écrit le scénario) ;
- :REVIEWED (a écrit une critique) ;
- :FOLLOWS (suit).

Des attributs sont associés aux nœuds et aux relations :

- :Person : name, born ;
- :Movie : title, released, tagline ;

- :ACTED_IN : roles ;
- :REVIEWED : summary, rating.

Principe général

Une requête Cypher classique fait intervenir trois clauses :

- MATCH cible, à l'aide d'un motif, un ensemble de chemins, de nœuds ou de relations ;
- WHERE filtre la collection de données précédemment identifiée ;
- RETURN précise les données que nous souhaitons retourner dans la réponse.

La clause MATCH cible les données en utilisant les labels, les types et les propriétés.

Commençons par utiliser le ciblage sur label pour sélectionner tous les films du graphe.

```
MATCH (m:Movie) RETURN m
```

Figure 4–12
Affichage des nœuds Movie

Affinons maintenant notre sélection afin de ne retenir que les films sortis en 2003.

```
MATCH (m:Movie {released:2003}) RETURN m
```

Figure 4–13
Affichage des seuls films
sortis en 2003

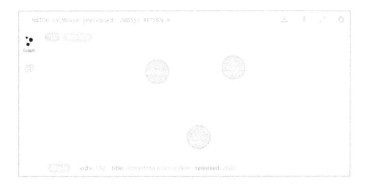

Au-delà de ces sélections simples, la puissance de la clause MATCH repose sur sa capacité à cibler des chemins.

Utiliser les motifs

Le ciblage de chemins s'appuie sur l'utilisation des motifs que nous avions commencé à aborder plus haut. Le motif () représente les nœuds, et les motifs --> et <-- symbolisent des relations.

Commençons par lister les réalisateurs présents dans notre jeu de test. Nous allons pour cela sélectionner des individus (p:Person) qui sont liés par une relation -[:DIRECTED]-> à des films (:Movie).

```
MATCH (p:Person)-[:DIRECTED]->(:Movie) RETURN p
```

Il est possible d'accepter plusieurs types avec la syntaxe :TYPE1|TYPE2.

Listons les réalisateurs et les scénaristes :

```
MATCH (p:Person)-[:DIRECTED|WROTE]->(:Movie) RETURN p
```

Figure 4–14
Affichage des personnes ayant
écrit ou dirigé des films

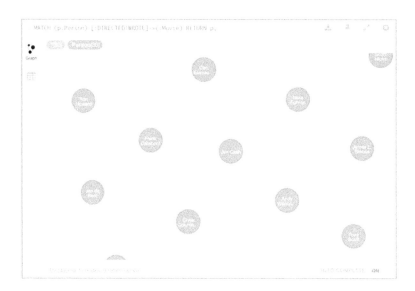

Relation neutre

Pour signifier une relation sans notion de direction ou de type, le motif -- peut être utilisé : MATCH (x)-
-(y) ou MATCH (x)-[r]-(y).

Restreignons maintenant cette population à ceux qui ont participé à des films sortis en 2000.

```
MATCH (p:Person)-[:DIRECTED|WROTE]->(:Movie {released:2000}) RETURN p
```

La puissance des motifs est d'autant plus évidente lorsque nous cherchons à modéliser des chemins dont la distance est supérieure à 1.

Nous allons maintenant lister les réalisateurs qui ont dirigé Tom Cruise. Pour cela, nous prolongeons notre motif en indiquant que nous ne sommes pas intéressés par tous les films, mais uniquement par ceux dans lesquels Tom Cruise a joué : `(:Movie)<-[:ACTED_IN]-(:Person {name:"Tom Cruise"})`.

```
MATCH (p:Person)-[:DIRECTED]->(:Movie)<-[:ACTED_IN]-(:Person {name:"Tom Cruise"})
RETURN p
```

Figure 4–15
Réalisateurs de films dans lesquels
a joué Tom Cruise.

Pour récupérer le nom de ces films, nous ajoutons un identifiant au niveau du nœud film `(m:Movie)` et le récupérons dans la réponse.

```
MATCH (p:Person)-[:DIRECTED]->(m:Movie)<-[:ACTED_IN]-(:Person {name:"Tom Cruise"})
RETURN m,p
```

Figure 4–16
Affichage des films associés
à ces réalisateurs

Arrêtons-nous un instant sur cet exemple et basculons sur la vue tableau.

Figure 4–17
Même réponse, mais cette fois
avec une vue en mode « tableau »

Nous constatons qu'à la différence de la vue graphique, nous ne disposons pas d'informations sur les relations qui lient les nœuds que nous avons sélectionnés (les relations apparaissent dans la vue graphique du fait de l'AUTO-COMPLETE à on).

Pour obtenir le détail des chemins que nous avons ciblés, nous pouvons associer un identifiant au chemin dans son ensemble.

Figure 4–18
Détail d'un chemin

La liste des acteurs qui ont joué avec Tom Cruise s'obtient avec :

```
MATCH (:Person {name:"Tom Cruise"})-[:ACTED_IN]->()<-[:ACTED_IN]-(p:Person) RETURN p
```

Nous pouvons cependant tirer parti de la syntaxe permettant d'exprimer que nous cherchons tous les acteurs à une distance maximale de 2 de Tom Cruise : `-[:ACTED_IN*..2]-` exprime cette notion de distance de 1 ou 2.

```
MATCH (:Person {name:"Tom Cruise"})-[:ACTED_IN*..2]-(p:Person) RETURN p
```

Cette aptitude à exprimer simplement une longueur variable de chemin est particulièrement utile pour faire des recherches dans l'« entourage » d'un nœud.

Filtrer les collections

Aussi puissante que soit la clause MATCH, elle ne peut tirer parti que de l'opérateur d'égalité pour les comparaisons. Quid de la sélection des films tournés avant 2000 ?

La clause WHERE vient alors à notre rescousse. Comme en SQL, nous allons filtrer les données sélectionnées par le MATCH avec une grande variété d'opérateurs. Les opérateurs de comparaison =, IS NULL, <, >, <= et >= sont classiques. Listons les films dans lesquels a joué Tom Cruise avant 2000.

```
MATCH (:Person {name:"Tom Cruise"})-[:ACTED_IN]-(m:Movie) WHERE m.released<2000
RETURN m
```

Les opérateurs logiques NOT, OR et AND sont disponibles pour grouper des prédicats. Listons les acteurs qui ont joué avec Tom Cruise dans *Jerry Maguire* ou *Top Gun*.

```
MATCH (:Person {name:"Tom Cruise"})-[:ACTED_IN]->(m:Movie)<-[:ACTED_IN]-(p:Person)
WHERE m.title="Top Gun" OR m.title="Jerry Maguire" RETURN p
```

Cette requête peut tirer profit de l'opérateur IN qui vérifie si la valeur d'une propriété fait partie d'une liste de valeurs.

```
MATCH (:Person {name:"Tom Cruise"})-[:ACTED_IN]->(m:Movie)<-[:ACTED_IN]-(p:Person)
WHERE m.title IN ["Top Gun","Jerry Maguire"] RETURN p
```

L'opérateur =~ teste si une chaîne de caractères correspond à une expression régulière. Ainsi, la requête suivante liste les acteurs dont le prénom est Tom :

```
MATCH (p:Person)-[:ACTED_IN]->() WHERE p.name=~"Tom .*" RETURN p
```

Il est également possible d'utiliser des motifs de type chemins dans le WHERE. Il s'agira alors pour Neo4j de ne retenir du MATCH que les chemins qui correspondent au motif indiqué dans le WHERE. Identifions les individus de notre graphe qui ont écrit et réalisé un film.

```
MATCH (m)<-[:WROTE]-(p)-[:DIRECTED]->(m) RETURN m
```

Pour ne retenir que ceux qui ont également produit leur film, nous pouvons enrichir notre motif de la façon suivante : (m)<-[:WROTE]-(p)-[:DIRECTED]->(m)<-[:PRODUCED]-(p).

Pour ne garder en revanche que ceux qui ne l'ont pas produit, un filtre par motif dans le WHERE devient nécessaire :

```
MATCH (m)<-[:WROTE]-(p)-[:DIRECTED]->(m) WHERE NOT (p)-[:PRODUCED]->(m) RETURN p
```

La fonction HAS() vérifie si une propriété est bien associée à un nœud. Listons les films qui ne disposent pas d'une *tagline* :

```
MATCH (f:Movie) WHERE NOT HAS(f.tagline) RETURN f
```

Définir le format des réponses

La clause RETURN précise les données que nous souhaitons obtenir dans la réponse du serveur.

Plutôt que de retourner des références directes aux entités, Neo4j nous permet par exemple de ne retenir dans la réponse que certaines propriétés.

```
MATCH (p:Person)-[:DIRECTED]->(:Movie) RETURN p.name
```

Le mot-clé DISTINCT évite les doublons.

```
MATCH (p:Person)-[:DIRECTED]->(:Movie) RETURN DISTINCT p.name
```

De nombreux opérateurs scalaires (mathématiques, chaînes de caractères) peuvent être utilisés pour réaliser des traitements sur les données.

Affichons l'âge de chacun des réalisateurs en utilisant l'opérateur de concaténation de chaînes de caractères + et celui de soustraction -.

```
MATCH (p:Person)-[:DIRECTED]->(:Movie) RETURN DISTINCT p.name + " a " + (2015-
p.born) + " ans"
```

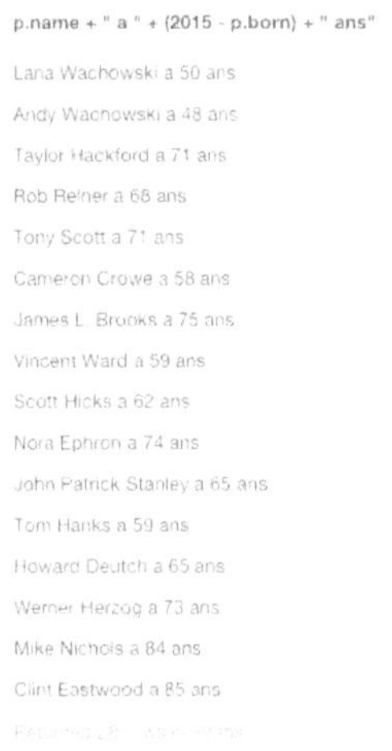

Figure 4–19
Affichage de l'âge des réalisateurs

p.name + " a " + (2015 - p.born) + " ans"

Lana Wachowski a 50 ans

Andy Wachowski a 48 ans

Taylor Hackford a 71 ans

Rob Reiner a 68 ans

Tony Scott a 71 ans

Cameron Crowe a 58 ans

James L. Brooks a 75 ans

Vincent Ward a 59 ans

Scott Hicks a 62 ans

Nora Ephron a 74 ans

John Patrick Stanley a 65 ans

Tom Hanks a 59 ans

Howard Deutch a 65 ans

Werner Herzog a 73 ans

Mike Nichols a 84 ans

Clint Eastwood a 85 ans

Le nom de la colonne dans la vue liste n'est pas spécialement lisible. Nous pouvons la renommer à l'aide du mot-clé AS :

```
MATCH (p:Person)-[:DIRECTED]->(:Movie) RETURN DISTINCT p.name + " a " + (2015-
p.born) + " ans" AS age
```

Figure 4–20
Renommage de la colonne

age

Lana Wachowski a 50 ans

Andy Wachowski a 48 ans

Taylor Hackford a 71 ans

Rob Reiner a 68 ans

Un tri peut être réalisé sur ce flux avec la clause ORDER BY.

```
MATCH (p:Person)-[:DIRECTED]->(:Movie) RETURN DISTINCT p.name + " a " + (2015-
p.born) + " ans" AS age ORDER BY age
```

Nous pouvons utiliser une combinaison de ORDER BY et de LIMIT pour obtenir le nom et l'âge du réalisateur le plus jeune. ORDER BY p.born indique que les résultats sont ordonnés de façon chronologique et LIMIT 1 ne renvoie que le premier élément de ce flux ordonné.

```
MATCH (p:Person)-[:DIRECTED]->(:Movie) RETURN p.name,p.born ORDER BY p.born
DESC LIMIT 1
```

L'utilisation combinée des clauses LIMIT et SKIP permet de mettre en œuvre une pagination sur les résultats. Listons de 10 en 10 les réalisateurs par âge croissant.

```
MATCH (p:Person)-[:DIRECTED]->(:Movie) RETURN p.name,p.born ORDER BY p.born
DESC SKIP 0 LIMIT 10
MATCH (p:Person)-[:DIRECTED]->(:Movie) RETURN p.name,p.born ORDER BY p.born
DESC SKIP 10 LIMIT 10
```

Opérations sur les collections

Les réponses des exemples présentés jusqu'à maintenant contenaient une ligne par élément de la collection sélectionnée.

Des opérations agrégatives peuvent être réalisées sur ces collections : dénombrement (COUNT), valeur minimale/maximale (MIN/MAX), valeur moyenne (AVG).

Modifions notre manière d'identifier l'année de naissance du plus vieux réalisateur en utilisant la fonction MIN(), qui retourne la plus petite valeur de la collection pour l'expression qu'elle reçoit en paramètre.

```
MATCH (p:Person)-[:DIRECTED]->(:Movie) RETURN MIN(p.born)
```

Cet exemple illustre bien la spécificité de ces fonctions. Plutôt que de réaliser un traitement par ligne, une fonction agrégative traverse la collection et ne retourne qu'un résultat.

Comptons le nombre de nœuds :Person dans le graphe.

```
MATCH (p:Person) RETURN COUNT(p)
```

Pour compter les réalisateurs, nous devons faire appel au mot-clé DISTINCT en l'appliquant cette fois aux nœuds plutôt qu'à une chaîne de caractères. Cela est nécessaire car notre exemple comporte certains réalisateurs qui ont tourné plusieurs films.

```
MATCH (p:Person)-[:DIRECTED]->(:Movie) RETURN COUNT(DISTINCT p)
```

Plus généralement, toutes les fonctions agrégatives acceptent la directive DISTINCT.

Le calcul de l'âge moyen nous oblige à faire appel au mot-clé WITH pour réaliser une déduplication des réalisateurs avant que le flux ne parvienne au RESULT.

```
MATCH (p:Person)-[:DIRECTED]->(:Movie) WITH DISTINCT p RETURN AVG(2015-p.born)
```

La fonction COLLECT() est un moyen de retourner des valeurs en tant que tableau plutôt qu'une valeur par ligne. Retournons le tableau des noms des personnes de notre graphe.

```
MATCH (p:Person) RETURN COLLECT(p.name) AS names
```

Figure 4–21
Agrégat des noms
des personnes du graphe

names

[Keanu Reeves, Carrie-Anne Moss, Laurence Fishburne, Hugo Weaving, Andy Wachowski, Lana Wachowski, Joel Silver, Emil Efrem, Charlize Theron, Al Pacino, Taylor Hackford, Tom Cruise, Jack Nicholson, Demi Moore, Kevin Bacon, Kiefer Sutherland, Noah Wyle, Cuba Gooding Jr., Kevin Pollak, J.T. Walsh, James Marshall, Christopher Guest, Rob Reiner, Aaron Sorkin, Kelly McGillis, Val Kilmer, Anthony Edwards, Tom Skerritt, Meg Ryan, Tony Scott, Jim Cash, Renee Zellweger, Kelly Preston, Jerry O'Connell, Jay Mohr, Bonnie Hunt, Regina King, Jonathan Lipnicki, Cameron Crowe, River Phoenix, Corey Feldman, Wil Wheaton, John Cusack, Marshall Bell, Helen Hunt, Greg Kinnear, James L. Brooks, Annabella Sciorra, Max von Sydow, Werner Herzog, Robin Williams, Vincent Ward, Ethan Hawke, Rick Yune, James Cromwell, Scott Hicks, Parker Posey, Dave Chappelle, Steve Zahn, Tom Hanks, Nora Ephron, Rita Wilson, Bill Pullman, Victor Garber, Rosie O'Donnell, John Patrick Stanley, Nathan Lane, Billy Crystal, Carrie Fisher, Bruno Kirby, Liv Tyler, Brooke Langton, Gene Hackman, Orlando Jones, Howard Deutch, Christian Bale, Zach Grenier, Mike Nichols, Richard Harris, Clint Eastwood, Takeshi Kitano, Dina Meyer, Ice-T, Robert Longo, Halle Berry, Jim Broadbent, Tom Tykwer, Ian McKellen, Audrey Tautou, Paul Bettany, Ron Howard, Natalie Portman, Stephen Rea, John Hurt, Ben Miles, Emile Hirsch, John Goodman,

Importation de données

Deux techniques permettent d'importer des données dans Neo4j : l'utilisation de scripts Cypher et l'importation de fichiers CSV.

Script Cypher

La première approche pour importer un volume important de données dans un graphe consiste à utiliser un script Cypher. Un tel script correspond à une succession de requêtes (toutes terminées par un point-virgule) qui créent des nœuds et des relations.

À chaque nœud est associé un identifiant afin de permettre la création future de relations.

Le script est importé depuis un terminal avec la commande `neo4j-shell`.

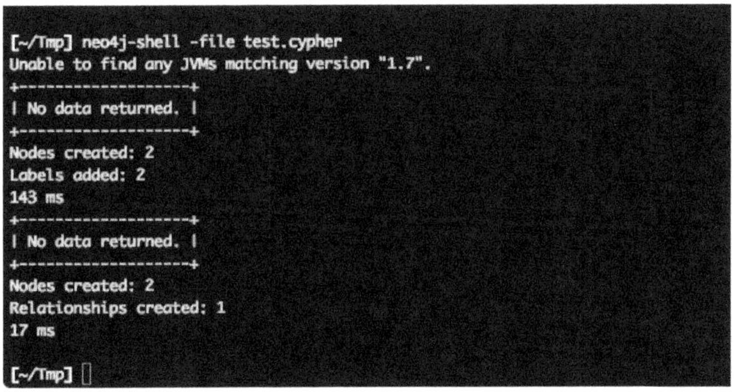

Figure 4–22
Utilisation de neo4j-shell
dans un terminal

Commentaires

Le format des commentaires dans un fichier Cypher est le suivant :

```
// ceci est un commentaire
```

Import CSV

Comme la plupart des gestionnaires de bases de données, Neo4j facilite l'import du plus répandu des formats d'échange de données : le CSV.

Travaillons avec un fichier `films.csv` structuré de la manière suivante : titre, année, réalisateur.

```
"Full Metal Jacket",1987,"Stanley Kubrick"
"Shining",1980,"Stanley Kubrick"
"Barry Lyndon",1975,"Stanley Kubrick"
"Orange Mécanique",1971,"Stanley Kubrick"
```

Le traitement d'un fichier CSV peut être décomposé en deux parties :

* la lecture une à une des lignes du fichier `LOAD CSV FROM films.csv AS ligne` ;
* l'utilisation de chacune de ces lignes, par exemple : `RETURN ligne`.

L'utilisation de la console web nous impose de spécifier un chemin absolu pour accéder à notre fichier.

```
LOAD CSV FROM "file:/Users/fxbois/Sites/films.csv" AS ligne RETURN ligne
```

Figure 4–23
Chaque ligne est lue en tant
que tableau.

Chemin URL

Une URL HTTP peut également être utilisée pour accéder au fichier :

```
LOAD CSV FROM "http://localhost/films.csv" AS ligne RETURN ligne
```

L'identifiant `ligne` correspond à un tableau indexé qui référence, pour chaque ligne du fichier, le titre (`ligne[0]`), l'année (`ligne[1]`) et le réalisateur (`ligne[2]`).

Pour n'afficher que les titres, la clause `RETURN` peut être adaptée de la manière suivante :

```
LOAD CSV FROM "file:/Users/fxbois/Sites/films.csv" AS ligne RETURN ligne[0]
```

Figure 4–24
Affichage d'une seule colonne

Accéder aux valeurs d'une ligne avec un index numérique a le double inconvénient de manquer de clarté et d'injecter dans la requête une dépendance à l'ordre des colonnes du fichier.

En insérant une ligne d'en-tête en haut de notre fichier, nous pouvons exploiter ces noms de colonnes pour référencer chaque valeur de la ligne.

```
"Titre","Annee","Realisateur"
"Full Metal Jacket",1987,"Stanley Kubrick"
"Shining",1980,"Stanley Kubrick"
```

La requête est adaptée pour indiquer à Neo4j de considérer la première ligne du fichier comme une ligne d'en-tête.

```
LOAD CSV WITH HEADERS FROM "file:/Users/fxbois/Sites/films.csv" AS ligne
RETURN ligne.Titre
```

La lecture du fichier peut être filtrée en utilisant les clauses WITH et WHERE.

```
LOAD CSV WITH HEADERS FROM "file:/Users/fxbois/Sites/films.csv" AS ligne WITH ligne
WHERE ligne.Titre="Shining" RETURN ligne.Titre
```

Les valeurs du tableau ligne sont considérées par défaut comme des chaînes de caractères. Il est par conséquent nécessaire de réaliser une conversion avant de procéder à certaines opérations nécessitant des formats de données spécifiques.

```
LOAD CSV WITH HEADERS FROM "file:/Users/fxbois/Sites/films.csv" AS ligne WITH ligne
WHERE toInt(ligne.Annee)<1980 RETURN ligne.Titre
```

À la clause RETURN, préférons désormais la clause CREATE pour créer à chaque ligne un nœud disposant de trois propriétés.

```
LOAD CSV WITH HEADERS FROM "file:/Users/fxbois/Sites/films.csv" AS ligne
CREATE (:Film {titre:ligne.Titre, annee:ligne.Annee, realisateur:ligne.Realisateur})
```

Caractère de séparation

Neo4j permet de préciser un caractère alternatif de séparation des valeurs d'une ligne de la manière suivante : AS ligne FIELDTERMINATOR '\t'.

Évitons maintenant cette duplication du nom du réalisateur en créant des relations entre les réalisateurs et leurs films.

```
LOAD CSV WITH HEADERS FROM "file:/Users/fxbois/Sites/films.csv" AS ligne
CREATE (:Realisateur {nom:ligne.Realisateur})-[:A_DIRIGE]->(:Film
{titre:ligne.Titre, annee:ligne.Annee})
```

Figure 4–25
Résultat de l'import du fichier CSV

Notre méthode n'est cependant pas satisfaisante dans la mesure où un nœud :Realisateur est systématiquement créé, et ce, même si ce réalisateur est déjà présent dans le graphe.

L'utilisation de la clause MERGE contourne cet écueil. Elle crée le nœud s'il n'existe pas, ou donne un accès à ce dernier dans le cas contraire.

```
LOAD CSV WITH HEADERS FROM "file:/Users/fxbois/Sites/films.csv" AS ligne
MERGE (r:Realisateur {nom:ligne.Realisateur}) CREATE (r)-[:A_DIRIGE]->(:Film
{titre:ligne.Titre, annee:ligne.Annee})
```

Modification du graphe

Nous avons commencé ce chapitre avec la plus importante des opérations d'écriture sur un graphe : la clause CREATE, qui crée à la fois des nœuds et des relations. La clause MERGE, quant à elle, crée un nœud ou en récupère une référence s'il existe déjà.

Nous présentons dans cette section les clauses qui modifient ou suppriment les entités du graphe.

Ajouter des propriétés et des labels

La clause SET sert à modifier les propriétés de nœuds ou de relations.

```
MATCH (r:Realisateur {nom:"Stanley Kubrick"}) SET r.naissance=1928
```

Cette clause est également utilisée pour procéder au remplacement des propriétés.

```
CREATE (f:Film) SET f={titre:"Eyes Wide Shut", annee:"1999"}
```

En modifiant légèrement la syntaxe (suppression de l'opérateur =), la clause SET permet d'ajouter un label à un nœud.

Ajoutons le label :Scenariste au nœud "Stanley Kubrick".

```
MATCH (Stanley:Realisateur {nom:"Stanley Kubrick"}) SET Stanley :Scenariste
```

Supprimer des entités

La suppression d'entités met en œuvre la clause DELETE.

Supprimons l'acteur Sam Rockwell de notre graphe.

```
MATCH (Sam:Person {name:"Sam Rockwell"}) DELETE Sam
```

Figure 4–26
Erreur lors de la suppression
d'un nœud

La console affiche une erreur car nous n'avons pas pris soin de supprimer toutes les relations dont ce nœud est une extrémité. Procédons à la suppression de ces relations.

```
MATCH ({name:"Sam Rockwell"})-[r]-() DELETE r
```

Figure 4–27
Suppression réalisée
cette fois avec succès

Il est possible d'effectuer une suppression de nœud en une seule requête en obtenant des identifiants à la fois au nœud et aux relations, puis en procédant à la suppression de ces entités au sein de la même clause DELETE.

```
MATCH (p {name:"Olivier Platt"})-[r]-() DELETE p,r
```

Ce principe interdisant la suppression d'un nœud qui dispose de relations explique la requête que nous avions mentionnée plus haut pour vider le graphe.

```
MATCH (n) OPTIONAL MATCH (n)-[r]-() DELETE n,r
```

Cette requête est préférée à MATCH (n)-[r]-() DELETE n,r car cette dernière ne supprimerait pas les nœuds orphelins (nœuds sans relations). Le mot-clé OPTIONAL permet précisément d'enrichir notre collection initiale (issue du premier MATCH) de chemins complémentaires si ces derniers existent.

La suppression de propriétés et de labels met en œuvre la clause REMOVE.

Supprimons la propriété summary des relations :REVIEWED.

```
MATCH ()-[r:REVIEWED]-() REMOVE r.summary RETURN r
```

La suppression d'une relation est exprimée ainsi : REMOVE n:LABEL.

Modifier le type d'une relation

Une telle opération nécessite de créer une nouvelle relation qui dispose du nouveau type et de procéder à la suppression de l'ancienne relation.

```
MATCH (n1:Label {name:"foo"})-[r1:REL1]->(n2:Label {name:"bar"})
CREATE (n1)-[r2:REL2]->(n2) SET r2=r1 WITH r1 DELETE r1
```

Nous faisons également en sorte que la nouvelle relation hérite des propriétés de l'ancienne : r2=r1.

Performance

Comment accélérer nos requêtes ? Tout développeur confronté à un gestionnaire de données se posera tôt ou tard cette question. L'optimisation de la performance est un art subtil qui nécessite généralement d'intervenir sur une multitude de facteurs.

Créer un index

En créant un index sur une propriété, Neo4j crée une table de hachage qui associe à chaque valeur rencontrée de cette propriété la liste de tous les nœuds correspondants. Les filtres impliquant cette propriété se retrouvent alors tout naturellement accélérés.

La création d'un index est réalisée avec la clause CREATE INDEX ON.

Créons un index sur la propriété titre des nœuds :Film.

```
CREATE INDEX ON :Film(titre)
```

Les requêtes MATCH (f:Film {titre:"xx"}) RETURN f ou MATCH (f:Film) WHERE f.titre="xx" RETURN f, dont les filtres impliquent des propriétés indexées, seront automatiquement accélérées.

Il convient de noter que, pour la plupart, les opérateurs de comparaison parviennent à tirer parti de ces index.

Choix des propriétés à indexer

Comme en SQL, la performance d'un index dépend de sa taille et de sa capacité à discriminer au maximum le potentiel des valeurs. Ainsi, les valeurs numériques sont plus « efficaces » que les chaînes de caractères. Par ailleurs, le choix du format de données est d'autant plus important pour les propriétés mises en œuvre dans des filtres. Ainsi, {isdigital:true} est préférable à {isdigital:"yes"}.

La commande :SCHEMA liste les index associés au graphe.

Il est également possible d'indiquer à Neo4j qu'un index ne doit pas contenir de doublons. On parle alors de contraintes. La création d'une contrainte sur le nom d'un réalisateur est réalisée ainsi :

```
CREATE CONSTRAINT ON (r:Realisateur) ASSERT r.nom IS UNIQUE
```

Lorsque Neo4j est extrêmement sollicité en écriture (insertions massives de nœuds et de relations), l'existence de contraintes est un facteur de ralentissement (en effet, Neo4j doit dans ce cas se préoccuper de réaliser une vérification avant de procéder à l'insertion). Il convient donc d'avoir cet effet de bord en tête au moment de la création de contraintes.

Suppression d'index et de contraintes

Index et relations peuvent être supprimés de la manière suivante :

```
DROP INDEX ON :Film(titre)
DROP CONSTRAINT ON (r:Realisateur) ASSERT r.nom IS UNIQUE
```

Nous venons de décrire ce qu'on appelle des index de schéma, correspondant à la manière recommandée par Neo pour indexer ses données. La technique « précédente » reposait sur les auto-index, qui étaient déclarés dans le fichier neo4j.properties (paramètres node_auto_indexing, node_keys_indexable, relationship_auto_indexing, relationship_keys_indexable).

Optimiser les requêtes

Il est toujours préférable de restreindre les données retournées par Neo4j aux seules informations qui seront réellement exploitées par votre code. Si vous n'avez besoin que de la propriété nom des nœuds, la requête MATCH n RETURN n.name sera forcément plus rapide que MATCH n RETURN n. En effet, le volume de données transféré sur le réseau est moindre et, à l'échelle d'une exécution, le temps correspondant au transfert réseau est non négligeable.

Il est également possible d'alléger le travail du moteur en lui permettant de limiter ses calculs. Ainsi, lorsque vous savez que vos relations sont orientées, il serait dommage d'écrire :

```
MATCH (a)-[:ACTED_IN]-(b)
```

plutôt que :

```
MATCH (a)-[:ACTED_IN]->(b)
```

En effet, dans le premier exemple, Neo4j doit également vérifier s'il existe des relations entre b et a.

Clauses EXPLAIN et PROFILE

Depuis la version 2.2 de Neo4j, les clauses EXPLAIN et PROFILE aident à mieux comprendre comment Neo4j interprète les requêtes.

Elles peuvent précéder toute requête Cypher.

```
PROFILE MATCH (p:Person)-[:DIRECTED]->(:Movie) RETURN MIN(p.born)
```

Le panneau résultat s'enrichit d'une vue *Plan* qui précise les différentes étapes de la phase d'interprétation. Une vue détaillée est disponible en cliquant sur le petit triangle à gauche du label.

Figure 4–28
Profilage d'une requête

À la différence de PROFILE, la clause EXPLAIN n'exécute pas réellement la requête.

Configuration

Différentes directives de configuration peuvent avoir un effet important sur la performance de Neo4j. Les deux plus importantes sont wrapper.java.initmemory et wrapper.java.maxmemory, qui ont été évoquées dans le chapitre 3. Nos machines disposent de gigaoctets de mémoire qu'il ne faut pas hésiter à utiliser dès lors que la machine est dédiée à Neo4j.

D'autres directives liées à l'environnement Java peuvent être adaptées. Notre conseil est cependant de ne mettre en œuvre ces adaptations qu'en dernier recours, lorsque toutes les autres pistes ont été envisagées.

Profiling

Il est possible de profiler les requêtes Cypher en passant le paramètre profile=true à l'API Cypher.

```
:POST /db/data/cypher?profile=true {"query":"MATCH n RETURN n"}
```

5

Serveur Neo4j

Jusqu'à présent, nous avons interagi avec Neo4j à travers l'interface web du serveur. Elle nous a permis de découvrir le langage de requêtes Cypher, en nous offrant l'opportunité de visualiser nos requêtes et nos graphes. Nous allons maintenant voir comment communiquer avec Neo4j en environnement de production.

Le déploiement de Neo4j en environnement de production n'est pas très différent de ce qu'on peut trouver pour d'autres bases de données.

Une fois lancé, le serveur fournit une API REST qui expose différentes commandes pour manipuler les entités du graphe, ainsi que divers algorithmes de calcul sur le graphe, notamment pour la recherche de plus courts chemins. Un système d'extensions vous permet aussi d'implémenter vos propres algorithmes et de les exposer à travers une route dédiée. L'API accepte également des requêtes Cypher, qui restent le mode d'interaction privilégié, de par sa nature déclarative et la complexité des requêtes manipulées.

Nous allons présenter quelques requêtes avec l'API REST, afin d'illustrer le principe de la communication client-serveur avec notre base de graphes. Nous nous contenterons d'esquisser les grandes lignes et de présenter les requêtes les plus importantes. La documentation complète de l'API est disponible sur le site de Neo4j : http://neo4j.com/docs/stable/rest-api.html.

Nous montrerons différentes commandes en construisant un premier réseau social, qui représente le modèle de données pour lequel la base de graphes est clairement l'outil le plus adapté.

API REST

Une fois le serveur Neo4j lancé, il est possible d'interagir à travers des requêtes HTTP.

Il existe différentes façons de tester les commandes que nous allons présenter dans ce chapitre :

* la commande curl depuis un terminal ;
* les extensions pour navigateurs web avec des interfaces graphiques plus commodes ;
* depuis l'interface Neo4j présentée dans le chapitre 3 ;
* les modules dédiés dans le langage de votre choix.

Nous choisissons ici de montrer les requêtes dans le format correspondant à l'interface Neo4j. Nous souhaitons ainsi nous concentrer sur la syntaxe et le contenu des requêtes. Comme vu dans le chapitre 3, il est possible d'obtenir les informations sur notre base :

```
:GET /db/data/
```

Figure 5–1
L'API fournit différentes informations sur les URL utilisables.

```
{
  "extensions": {},
  "node": "http://localhost:7474/db/data/node",
  "node_index": "http://localhost:7474/db/data/index/node",
  "relationship_index": "http://localhost:7474/db/data/index/relationship",
  "extensions_info": "http://localhost:7474/db/data/ext",
  "relationship_types": "http://localhost:7474/db/data/relationship/types",
  "batch": "http://localhost:7474/db/data/batch",
  "cypher": "http://localhost:7474/db/data/cypher",
  "indexes": "http://localhost:7474/db/data/schema/index",
  "constraints": "http://localhost:7474/db/data/schema/constraint",
  "transaction": "http://localhost:7474/db/data/transaction",
  "node_labels": "http://localhost:7474/db/data/labels",
  "neo4j_version": "2.2.1"
}
```

L'équivalent de cette commande en `curl` est :

```
curl -u "user:pass" -X GET http://localhost:7474/db/data/
```

ou, de façon équivalente :

```
curl -X GET http://neo4j:kernix@localhost:7474/db/data/
```

Figure 5–2
Commande équivalente avec curl

```
abenhenni@dev-mac-abenhenni [~]> curl -u "neo4j:pass" -X GET http://localhost:7474/db/data/
{
  "extensions" : { },
  "node" : "http://localhost:7474/db/data/node",
  "node_index" : "http://localhost:7474/db/data/index/node",
  "relationship_index" : "http://localhost:7474/db/data/index/relationship",
  "extensions_info" : "http://localhost:7474/db/data/ext",
  "relationship_types" : "http://localhost:7474/db/data/relationship/types",
  "batch" : "http://localhost:7474/db/data/batch",
  "cypher" : "http://localhost:7474/db/data/cypher",
  "indexes" : "http://localhost:7474/db/data/schema/index",
  "constraints" : "http://localhost:7474/db/data/schema/constraint",
  "transaction" : "http://localhost:7474/db/data/transaction",
  "node_labels" : "http://localhost:7474/db/data/labels",
  "neo4j_version" : "2.2.1"
}
```

Il n'est pas recommandé de désactiver l'authentification en environnement de production, ou alors il faut prévoir des sécurités complémentaires. Dans ce cas, il est important de bien penser à préciser les paramètres d'authentification pour communiquer avec le serveur.

```
curl -X GET /db/data/
```

Sinon, le système d'authentification bloquera l'accès aux requêtes, ce qui est clairement exprimé dans le message d'erreur que vous verrez si vous lancez la commande précédente.

```
{
  "errors" : [ {
    "message" : "No authorization header supplied.",
    "code" : "Neo.ClientError.Security.AuthorizationFailed"
  } ]
}
```

Figure 5–3
Commande avec user/password incorrect

```
{
  "errors" : [ {
    "message" : "Invalid username or password.",
    "code" : "Neo.ClientError.Security.AuthorizationFailed"
  } ]
}
```

Nous allons construire un réseau social basique, avec des utilisateurs pouvant être amis les uns avec les autres.

Figure 5–4
Nous allons découvrir l'API REST avec l'exemple du réseau social, afin d'illustrer toutes les commandes de création et de manipulation de nœuds et de relations.

Nœuds

Commençons par créer un premier nœud :

```
:POST /db/data/node {"name":"Joseph"}
```

Nous retrouvons dans cette commande le verbe POST, qui crée des entités se rapportant à l'URL, soit des nœuds dans le cas présent.

L'objet transmis correspond à une propriété qui sera affectée au nouveau nœud.

À titre informatif, nous donnons la commande curl correspondante :

```
curl -H 'Accept: application/json; charset=UTF-8' -X POST http://
neo4j:kernix@localhost:7474/db/data/node -d "name=Joseph"
```

Le résultat suivant nous indique le succès de l'opération et fournit des informations sur le nœud, comme son URL, pour le manipuler par la suite.

```
:GET http://localhost:7474/db/data/node/0

{
  "extensions": {},
  "outgoing_relationships": "http://localhost:7474/db/data/node/0/relationships/out",
  "labels": "http://localhost:7474/db/data/node/0/labels",
  "all_typed_relationships": "http://localhost:7474/db/data/node/0/relationships/all/{-list|&|types}",
  "traverse": "http://localhost:7474/db/data/node/0/traverse/{returnType}",
  "self": "http://localhost:7474/db/data/node/0",
  "property": "http://localhost:7474/db/data/node/0/properties/{key}",
  "outgoing_typed_relationships": "http://localhost:7474/db/data/node/0/relationships/out/{-list|&|types}",
  "properties": "http://localhost:7474/db/data/node/0/properties",
  "incoming_relationships": "http://localhost:7474/db/data/node/0/relationships/in",
  "create_relationship": "http://localhost:7474/db/data/node/0/relationships",
  "paged_traverse": "http://localhost:7474/db/data/node/0/paged/traverse/{returnType}{?pageSize,leaseTime}",
  "all_relationships": "http://localhost:7474/db/data/node/0/relationships/all",
  "incoming_typed_relationships": "http://localhost:7474/db/data/node/0/relationships/in/{-list|&|types}",
  "metadata": {
    "id": 0,
    "labels": []
  },
  "data": {
    "name": "Joseph"
  }
}
```

Figure 5–5 Résultat complet de la création de nœud

Nous pouvons accéder à toutes les informations propres au nœud créé.

```
:GET /db/data/node/0
```

Figure 5–6
Notre nœud a l'Id 0
et la propriété name

```
"metadata": {
  "id": 0,
  "labels": []
},
"data": {
  "name": "Joseph"
}
```

Nous pouvons également modifier les propriétés.

```
:PUT /db/data/node/0/properties/age "18"
```

Figure 5–7
La nouvelle propriété
est bien présente.

```
"metadata": {
  "id": 0,
  "labels": []
},
"data": {
  "age": "18",
  "name": "Joseph"
}
```

Elles peuvent également être entièrement renouvelées, en postant un nouvel objet propriétés.

```
:PUT /db/data/node/0/properties/ {"age":"18"}
```

Dans ce cas, toutes les propriétés précédentes sont supprimées et remplacées par les nouvelles, et le nœud n'a plus de nom, comme le montre le résultat d'un GET.

Enfin, un nœud peut être supprimé.

```
:DELETE /db/data/node/0
```

Il faut en revanche supprimer auparavant toutes les relations du nœud, sinon Neo4j retournera une erreur.

De façon générale, le fonctionnement est similaire pour les relations et les autres entités de la base de graphes, comme les labels. On crée des éléments avec un POST et un objet encodant les propriétés. Un GET récupère les éléments. Enfin, PUT et DELETE servent à modifier et supprimer l'élément.

Il y a également des commandes globales, comme celle qui récupère toutes les propriétés en base.

```
:GET /db/data/propertykeys
```

Figure 5–8
Il y a deux propriétés
dans notre graphe.

```
[
  "age",
  "name"
]
```

Nous pouvons maintenant créer un deuxième utilisateur.

```
:POST /db/data/node {"name":"Imen", "age":"22"}
```

```
{
  "extensions": {},
  "outgoing_relationships": "http://localhost:7474/db/data/node/1/relationships/out",
  "labels": "http://localhost:7474/db/data/node/1/labels",
  "all_typed_relationships": "http://localhost:7474/db/data/node/1/relationships/all/{-list|&|types}",
  "traverse": "http://localhost:7474/db/data/node/1/traverse/{returnType}",
  "self": "http://localhost:7474/db/data/node/1",
  "property": "http://localhost:7474/db/data/node/1/properties/{key}",
  "outgoing_typed_relationships": "http://localhost:7474/db/data/node/1/relationships/out/{-list|&|types}",
  "properties": "http://localhost:7474/db/data/node/1/properties",
  "incoming_relationships": "http://localhost:7474/db/data/node/1/relationships/in",
  "create_relationship": "http://localhost:7474/db/data/node/1/relationships",
  "paged_traverse": "http://localhost:7474/db/data/node/1/paged/traverse/{returnType}{?pageSize,leaseTime}",
  "all_relationships": "http://localhost:7474/db/data/node/1/relationships/all",
  "incoming_typed_relationships": "http://localhost:7474/db/data/node/1/relationships/in/{-list|&|types}",
  "metadata": {
    "id": 1,
    "labels": []
  },
  "data": {
    "age": "22",
    "name": "Imen"
  }
}
```

Figure 5–9 Toutes les informations du deuxième nœud, avec l'Id et les propriétés

Contraintes et index

Maintenant que nous avons nos nœuds, nous souhaitons structurer un peu mieux notre domaine en les classant dans un label adéquat.

Les labels permettent d'organiser les nœuds et de leur associer des index. C'est une étape indispensable pour optimiser l'usage du graphe.

Nous allons associer nos deux utilisateurs au label User.

```
:POST /db/data/node/0/labels "User"
:POST /db/data/node/1/labels "User"
```

Nous vérifions que l'association est effective en demandant les labels d'un nœud.

```
:GET /db/data/node/0/labels
```

Figure 5–10
Notre nœud a le label User.

```
[
  "User"
]
```

On peut supprimer le label d'un nœud si on le souhaite.

```
:DELETE /db/data/node/0/labels/User
```

Il est possible également de remplacer l'ensemble des labels.

```
:PUT /db/data/node/0/labels
["Unsubscribed","Banned"]
```

Enfin, on obtient facilement la liste des nœuds associés à un label.

```
:GET /db/data/label/User/nodes
```

```
[
  {
    "extensions": {},
    "outgoing_relationships": "http://localhost:7474/db/data/node/0/relationships/out",
    "labels": "http://localhost:7474/db/data/node/0/labels",
    "all_typed_relationships": "http://localhost:7474/db/data/node/0/relationships/all/{-list|&|types}",
    "traverse": "http://localhost:7474/db/data/node/0/traverse/{returnType}",
    "self": "http://localhost:7474/db/data/node/0",
    "property": "http://localhost:7474/db/data/node/0/properties/{key}",
    "outgoing_typed_relationships": "http://localhost:7474/db/data/node/0/relationships/out/{-list|&|types}",
    "properties": "http://localhost:7474/db/data/node/0/properties",
    "incoming_relationships": "http://localhost:7474/db/data/node/0/relationships/in",
    "create_relationship": "http://localhost:7474/db/data/node/0/relationships",
    "paged_traverse": "http://localhost:7474/db/data/node/0/paged/traverse/{returnType}{?pageSize,leaseTime}",
    "all_relationships": "http://localhost:7474/db/data/node/0/relationships/all",
    "incoming_typed_relationships": "http://localhost:7474/db/data/node/0/relationships/in/{-list|&|types}",
    "metadata": {
      "id": 0,
      "labels": [
        "User"
      ]
    },
    "data": {
      "age": "18",
      "name": "Joseph"
    }
  },
  {
    "extensions": {},
    "outgoing_relationships": "http://localhost:7474/db/data/node/1/relationships/out",
    "labels": "http://localhost:7474/db/data/node/1/labels",
    "all_typed_relationships": "http://localhost:7474/db/data/node/1/relationships/all/{-list|&|types}",
    "traverse": "http://localhost:7474/db/data/node/1/traverse/{returnType}",
    "self": "http://localhost:7474/db/data/node/1",
    "property": "http://localhost:7474/db/data/node/1/properties/{key}",
    "outgoing_typed_relationships": "http://localhost:7474/db/data/node/1/relationships/out/{-list|&|types}",
    "properties": "http://localhost:7474/db/data/node/1/properties",
    "incoming_relationships": "http://localhost:7474/db/data/node/1/relationships/in",
    "create_relationship": "http://localhost:7474/db/data/node/1/relationships",
    "paged_traverse": "http://localhost:7474/db/data/node/1/paged/traverse/{returnType}{?pageSize,leaseTime}",
    "all_relationships": "http://localhost:7474/db/data/node/1/relationships/all",
    "incoming_typed_relationships": "http://localhost:7474/db/data/node/1/relationships/in/{-list|&|types}",
    "metadata": {
      "id": 1,
      "labels": [
        "User"
      ]
    },
    "data": {
      "age": "22",
      "name": "Imen"
    }
  }
]
```

Figure 5–11 Nos deux nœuds sont associés au label User.

Les labels permettent de définir des index, avec ou sans contrainte d'unicité. Il est fortement recommandé d'avoir une propriété qui identifie chaque type de nœud et de l'associer à un index avec contrainte, afin d'accéder rapidement à chaque élément du graphe et, surtout, d'assurer mécaniquement la non-duplication et la cohérence des données.

```
:POST /db/data/schema/constraint/User/uniqueness/ {"property_keys":["name"]}
```

Si on souhaite uniquement indexer la propriété, la requête est quasiment la même.

```
:POST /db/data/schema/index/User/uniqueness/ {"property_keys":["name"]}
```

Nous pouvons voir les index avec ou sans contraintes associées à un label.

```
:GET /db/data/schema/constraint/User
:GET /db/data/schema/index/User
```

Figure 5–12
Le label User a un index avec
contrainte d'unicité sur la propriété
name.

```
[
  {
    "label": "User",
    "type": "UNIQUENESS",
    "property_keys": [
      "name"
    ]
  }
]
```

Relations

Maintenant que notre graphe contient deux nœuds, nous pouvons créer une première relation.

```
:POST /db/data/node/1/relationships {
  "to":"http://localhost:7474/db/data/node/2",
  "type":"AMI"
}
```

Figure 5–13
Relation entre les nœuds 0 et 1

```
{
  "extensions": {},
  "start": "http://localhost:7474/db/data/node/0",
  "self": "http://localhost:7474/db/data/relationship/0",
  "property": "http://localhost:7474/db/data/relationship/0/properties/{key}",
  "properties": "http://localhost:7474/db/data/relationship/0/properties",
  "type": "AMI",
  "end": "http://localhost:7474/db/data/node/1",
  "metadata": {
    "id": 0,
    "type": "AMI"
  },
  "data": {}
}
```

Les relations ont également une URL associée à leur Id. Celle-ci nous est transmise lors de sa création, comme on peut le voir dans le résultat précédent. Une requête permet de récupérer les informations associées.

```
:GET /db/data/relationship/0
```

On peut également cibler spécifiquement les relations d'un nœud.

```
:GET /db/data/node/0/relationships/all
```

Enfin, des propriétés seront associées aux relations en ajoutant un objet data lors du POST.

```
{
  "to":"http://localhost:7474/db/data/node/2",
  "type":"AMI"
  "data":{
    "since":"20150101"
  }
}
```

Les propriétés associées à une relation sont obtenues comme pour les nœuds.

```
:GET /db/data/relationship/#/properties
```

Requêtes Cypher

Dans les autres chapitres de ce livre, nous favoriserons dans la mesure du possible le langage Cypher. Il est beaucoup plus efficace pour des opérations complexes. Par exemple, nous pouvons en une seule commande créer un nœud et lui affecter un label.

Les requêtes Cypher sont passées au serveur à travers une URL dédiée. Elle repose sur un principe de transaction, ce qui permet d'en enchaîner rapidement plusieurs, avant de valider l'ensemble de la transaction et de faire persister le résultat dans la base de données.

Nous allons commencer par une requête simple qui crée un nœud en lui associant deux labels en une seule opération et qui clôt immédiatement la transaction.

```
:POST /db/data/transaction/commit
{
  "statements":[{
    "statement":"CREATE (user1:User {props})",
    "parameters":{
      "props":{
        "name":"Audrey", "age":25
      }
    }
  }]
}
```

Pour des raisons de lisibilité et de performances, il est recommandé de passer les variables de la requête à travers des paramètres, et non en les intégrant directement dans la chaîne de caractères correspondant à la requête.

Figure 5–14
La requête s'est déroulée
correctement. Il n'y a pas de
résultat associé à cette commande,
qui se contente de créer un nœud.

```
{
  "results": [
    {
      "columns": [],
      "data": []
    }
  ],
  "errors": []
}
```

Sans le mot-clé commit, la transaction reste ouverte pour poster plusieurs statements, qui ne seront pas appliqués tant que la transaction n'aura pas été validée.

```
:POST /db/data/transaction/
{
  "statements":[{
    "statement":"MATCH (user1:User {name:{audrey}}), (user2:User {name:{joseph}})
CREATE (user1)-[:AMI]->(user2)",
    "parameters":{"audrey":"Audrey", "joseph":"Joseph"}
  }]
}
```

Figure 5–15
Le premier POST ouvre
une transaction et renvoie
des informations complémentaires
comme la date de la transaction,
ainsi que l'URL qui la clôt
et la valide.

```
{
  "commit": "http://localhost:7474/db/data/transaction/2/commit",
  "results": [
    {
      "columns": [],
      "data": []
    }
  ],
  "transaction": {
    "expires": "Sat, 01 Aug 2015 03:08:10 +0000"
  },
  "errors": []
}
```

Le résultat renvoie un URI avec l'Id associé à la transaction. Nous allons l'utiliser pour poster les requêtes suivantes.

```
:POST /db/data/transaction/2/
{
  "statements":[{
    "statement":"CREATE (user1:User {props})",
    "parameters":{
      "props":{
        "name":"Bertrand", "age":27
      }
    }
  }]
}
```

Enfin, nous fermons et validons la transaction.

```
:POST /db/data/transaction/2/commit
{
```

```
  "statements":[{
    "statement":"MATCH (user1:User {name:{audrey}}), (user2:User {name:{bertrand}})
CREATE (user1)-[:AMI]->(user2)",
    "parameters":{"audrey":"Audrey", "bertrand":"Bertrand"}
  }]
}
```

Nous pouvons vérifier que tous les changements ont bien été pris en compte en affichant le graphe actuel.

Figure 5–16
Graphe actuel avec l'ensemble
des quatre nœuds et leurs relations

Requêtes batch

Il est également possible de chaîner toutes les requêtes que nous avons définies plus haut à travers un mode *batch*, qui s'avère plus performant dans certains cas d'insertions massives.

Nous allons compléter notre graphe en utilisant ce procédé.

```
:POST /db/data/batch
[{
    "method":"POST",
    "to":"/node",
    "body":{
        "name":"Fabrice", "age":56
        },
    "id":0
},{
    "method":"POST",
```

```
         "to":"{0}/labels",
         "body":["User"],
         "id":1
     },{
         "method":"POST",
         "to":"{0}/relationships",
         "body":{
             "to":"http://localhost:7474/db/data/node/0",
             "type":"AMI"
             },
         "id":2
     },{
         "method":"POST",
         "to":"{0}/relationships",
         "body":{
             "to":"http://localhost:7474/db/data/node/3",
             "type":"AMI"
             },
         "id":3
     }]
```

Figure 5–17
Graphe à jour

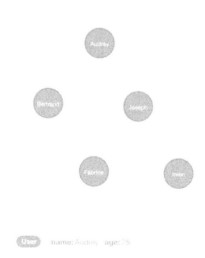

Dans le code précédent, nous avons une liste de différentes actions que Neo4j saura interpréter à partir des directives associées aux mots-clés de l'objet, qui sont assez explicites.

Les variables id présentes à chaque commande servent à réutiliser le résultat dans les commandes suivantes. Ainsi, le nœud créé par le premier objet est réutilisé dans toutes les autres requêtes, par exemple pour l'association au label User.

```
"to":"{0}/labels",
```

Ici, {0} fait référence à l'URI de l'élément créé par la commande correspondant à :

```
"id":0
```

Calculs de plus courts chemins

Nous finirons cette partie en montrant l'utilisation des algorithmes de plus courts chemins, par exemple entre deux personnes dans notre cas.

```
:POST /db/data/node/0/paths
{
  "to":"http://localhost:7474/db/data/node/3",
  "max_depth":3,
  "relationships":{
    "type":"AMI"
  },
  "algorithm":"shortestPath"
}
```

Figure 5–18
Liste des deux plus courts chemins entre les nœuds 0 et 3, avec la liste des nœuds intermédiaires. Les flèches donnent le sens des relations.

```
[
  {
    "directions": [
      "<-",
      "->"
    ],
    "start": "http://localhost:7474/db/data/node/0",
    "nodes": [
      "http://localhost:7474/db/data/node/0",
      "http://localhost:7474/db/data/node/2",
      "http://localhost:7474/db/data/node/3"
    ],
    "length": 2,
    "relationships": [
      "http://localhost:7474/db/data/relationship/1",
      "http://localhost:7474/db/data/relationship/2"
    ],
    "end": "http://localhost:7474/db/data/node/3"
  },
  {
    "directions": [
      "<-",
      "->"
    ],
    "start": "http://localhost:7474/db/data/node/0",
    "nodes": [
      "http://localhost:7474/db/data/node/0",
      "http://localhost:7474/db/data/node/4",
      "http://localhost:7474/db/data/node/3"
    ],
    "length": 2,
    "relationships": [
      "http://localhost:7474/db/data/relationship/3",
      "http://localhost:7474/db/data/relationship/4"
    ],
    "end": "http://localhost:7474/db/data/node/3"
  }
]
```

Il nous suffit de spécifier quelle relation suivre et Neo4j s'occupe du calcul. Il est également possible de spécifier une direction, lorsque celle-ci est importante. Ce serait le cas par exemple pour un réseau social non symétrique, où l'on souhaite suivre comment une information se propage d'une source à une personne. Il suffit d'ajouter la propriété suivante à l'objet posté :

```
"direction":out
```

La propriété max_depth est à 1 par défaut si elle n'est pas renseignée. Il est important de garder en tête que les combinatoires peuvent exploser rapidement le long du chemin et que le calcul peut vite saturer le serveur, surtout pour des graphes très denses, avec énormément de relations par nœuds. Ceci est inhérent à la nature même du graphe et des algorithmes de plus courts chemins, et est indépendant de Neo4j.

Neo4j propose les algorithmes suivants : shortestPath, allSimplePaths, allPaths et dijkstra.

L'algorithme dijkstra calcule des chemins sur des relations pondérées, en spécifiant la propriété qui porte l'information sur la pondération, de la façon suivante lors du POST :

```
"cost_property":"cost",
```

Il est possible de demander un seul chemin :

```
:POST /db/data/node/0/path
```

ou plusieurs :

```
:POST /db/data/node/0/paths
```

Notez la différence entre path et paths.

Extensions

Le serveur Neo4j met à disposition un nombre important de commandes, qui devraient suffire dans l'immense majorité des cas. Néanmoins, il peut arriver que Cypher n'exprime pas une requête de façon concise ou que les performances se dégradent rapidement à cause de la complexité de la traversée.

Cypher est en effet un langage déclaratif, et Neo4j doit transformer les requêtes en commandes à exécuter en générant un plan d'exécution qui n'est pas toujours optimal. L'idéal dans ce cas est de communiquer directement avec le cœur de Neo4j, en limitant les couches d'interprétation.

La base de données Neo4j est codée en Java. Le code source est disponible sur le dépôt GitHub : https://github.com/neo4j/neo4j.

L'équipe de Neo4j a prévu la possibilité d'étendre les fonctionnalités du serveur en développant des extensions dédiées directement en Java, rendues accessibles par une URL propre.

Une base de données Java

Communiquer avec l'API bas niveau de Neo4j passe par le langage Java. Sans entrer dans les subtilités du langage, cette dernière ne présente pas de complexité particulière. Nous allons simplement en donner les grandes lignes. Nous renvoyons à la documentation en ligne pour plus de détails.

Un programme type passe par l'instanciation d'un graphe, à partir du chemin du répertoire associé :

```
GraphDatabaseService graphDb = new
GraphDatabaseFactory().newEmbeddedDatabase(DB_PATH);
```

En mode embarqué, le graphe doit être correctement clos pour s'assurer que la base est dans un état propre et cohérent, et que toutes les transactions ont été effectuées.

```
graphDb.shutdown();
```

La bibliothèque fournit toutes les classes pour manipuler les entités Neo4j, nœuds, relations, labels, etc.

Les opérations d'écriture sur la base doivent être encapsulées dans des transactions.

```
try (Transaction tx=graphDb.beginTx() )
{
    ...
    tx.success();
}
```

La gestion des labels et des index se fait en instanciant les bons objets et en déclarant les propriétés adéquates. L'interface Schema permet de spécifier le label et la propriété à indexer.

```
IndexDefinition indexDefinition;
try (Transaction tx=graphDb.beginTx() )
{
    Schema schema=graphDb.schema();
    indexDefinition= schema.indexFor(DynamicLabel.label("User") )
            .on("username")
            .create();
    tx.success();
}
```

L'opération d'indexation est asynchrone et se fait en arrière-plan.

La création de nœuds est immédiate, à travers la méthode mise à disposition par l'instance graphDb.

```
Node userNode=graphDb.createNode(label);
userNode.setProperty("name", "nom");
```

Ici, "name" désigne le nom de la propriété, et "nom" sa valeur.

Les relations sont créées en déclarant leur type. Celui-ci peut être défini de deux façons. La première est à utiliser si le type est connu à l'avance, avant l'exécution du code :

```
private static enum RelTypes implements RelationshipType
{
    AMI
}
```

Si ce n'est pas le cas, il peut être déclaré de façon dynamique dans le code :

```
RelationshipType rel=DynamicRelationshipType.withName("AMI");
```

La relation est ensuite créée à partir de l'instance du nœud qui la porte, en spécifiant le nœud d'arrivée ainsi que le type et les éventuelles propriétés nécessaires.

```
Relationship relationship= noeudA.createRelationshipTo(NoeudB, RelTypes.AMI);
relationship.setProperty("propriété", "valeur");
```

Récupérer des nœuds est également assez simple :

```
ResourceIterator<Node> users=graphDb.findNodes(label,"name",…))
```

Une fois un nœud disponible, ces propriétés et ces relations le sont également.

```
node.getProperty()
node.getRelationships()
```

L'intérêt de passer par le langage Java est de court-circuiter Cypher et de passer directement par l'API bas niveau pour la définition des traversées, ce qui aide à optimiser certaines requêtes lorsque Cypher devient trop gourmand en ressources.

L'API fournit une interface de description des traversées, spécifiant des propriétés telles que le mode de parcours du graphe (*bread first* ou *depth first*), les relations à suivre, où encore des fonctions de filtrage.

Ce système est plus complexe que les requêtes Cypher et il ne sera pas traité dans ce livre introductif. De plus amples informations sont disponibles sur le site de documentation de Neo4j (en anglais) : http://neo4j.com/docs/stable/advanced-usage.html.

Figure 5–19
Documentation des objets de l'API

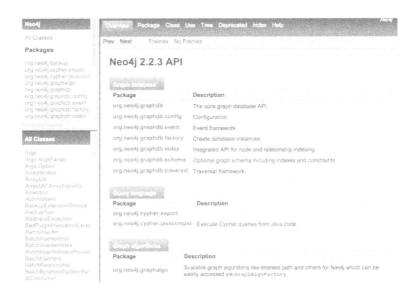

Déploiement de l'extension

Le développement des extensions repose sur l'interface Java de programmation de services web en REST JAX-RS, qui s'appuie sur un principe d'annotation d'objets et de méthodes afin de générer des ressources web.

Pour simplifier le cycle de développement, nous recommandons d'utiliser le template fourni gracieusement par David Montag sur le dépôt https://github.com/dmontag/neo4j-unmanaged-extension-template. Ce dernier suit la structure standard d'un projet Maven, avec une arborescence classique.

Figure 5–20
Arborescence type
pour un projet Maven

Les dépendances sont déclarées dans le fichier pom.xml, qui centralise toutes les informations de gestion et de configuration du projet, où nous voyons par exemple la déclaration de la bibliothèque Neo4j.

pom.xml

```xml
<project>
...
 <dependencies>
  <dependency>
   <groupId>org.neo4j</groupId>
   <artifactId>neo4j</artifactId>
   <version>2.2.3</version>
  </dependency>
  ...
 </dependencies>
...
</project>
```

Gestion de projets en Java

Maven, Ant, Gradle et d'autres outils de *build* équivalents servent à la gestion de code et de dépendances complexes, ainsi que du cycle de développement en générant et testant les binaires. La gestion de projets Java complexes peut en effet vite devenir délicate. Le développeur déclare des propriétés et des tâches, et ces outils se chargent de récupérer et de lier les fichiers ainsi que de générer des exécutables (.jar, .war ou autres).

Maven met l'accent sur le respect de conventions, afin de minimiser les besoins de configuration. Les fichiers sources .java vont tous dans le répertoire src/. Un exécutable .jar sera généré dans le répertoire target/.

La gestion des fonctions et des routes associées respecte l'API définie par la norme JAX-RS, en les annotant selon les besoins.

@Path déclare l'URI relatif qui donne accès à la ressource. Des verbes peuvent être associés explicitement à travers les annotations correspondantes @GET ou @POST.

Le code qui suit montre un exemple basique.

```java
@Path("/helloworld")
public class HelloWorldResource
{
    private final GraphDatabaseService database;

    public HelloWorldResource(@Context GraphDatabaseService database)
    {
        this.database=database;
    }

    @GET
    @Produces(MediaType.TEXT_PLAIN)
    @Path("/mafonction")
    public Response maFonction( )
    {
```

```
       …
       return Response.ok().entity(...).build();
   }
}
```

Nous avons une ressource associée au chemin http://localhost:7474/db/data/helloworld et une méthode qui répond à un GET sur http://localhost:7474/db/data/helloworld/mafonction.

Des variables peuvent être récupérées depuis l'URL.

```
@Path("/{noeud}")
public Response maFonction(@PathParam("noeud") long nodeId)
```

Un objet Response construit la réponse fournie par le serveur.

Une fois l'application développée, il suffit de demander à Maven de générer un JAR, qui dans notre cas s'appelle unmanaged-extension-1.0.jar :

```
mvn clean package
```

Figure 5–21
Le fichier JAR généré
est automatiquement placé
dans le répertoire target/.

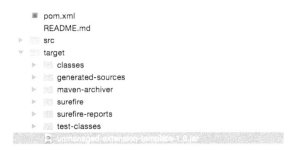

L'archive est à placer dans le répertoire /plugins du répertoire du serveur Neo4j.

Une dernière modification des configurations du serveur permet de le rendre opérationnel.

conf/neo4j-server.properties

```
org.neo4j.server.thirdparty_jaxrs_classes=org.neo4j.example.unmanagedextension=/
example
```

Construire une application avec Neo4j

Nous avons parcouru les notions importantes permettant de comprendre le fonctionnement de Neo4j en mode serveur, en utilisant la console de l'interface par défaut.

Le développement d'une application nécessite bien entendu de faire les choses différemment. L'API REST permet d'utiliser les bibliothèques HTTP de son langage favori, afin d'assurer la communication avec le serveur et intégrer les requêtes et les résultats au sein de l'architecture d'une application.

Notons tout de même que de nombreux langages disposent de bibliothèques dédiées à l'utilisation de l'API Neo4j, en encapsulant les appels dans des objets et des méthodes qui fluidifient les transactions et l'intégration.

La communauté est très active et de nombreuses alternatives existent, généralement de bonne qualité, au moins pour les langages les plus utilisés, notamment pour le développement d'applications web.

Cette approche a un double avantage : d'une part, elle met de côté les problématiques liées à l'utilisation d'une approche en particulier. D'autre part, elle permet de visualiser au sein de l'interface, de façon interactive, toutes les actions et les modifications que nous appliquons au graphe.

Nous donnons ci-après une liste de quelques-unes de nos bibliothèques favorites par langage :

- PHP : https://github.com/jadell/neo4jphp ;
- Node.js : https://github.com/brikteknologier/seraph ;
- Python : http://py2neo.org/2.0/index.html ;
- Ruby : https://github.com/maxdemarzi/neography.

Ces bibliothèques peuvent également être utilisées pour le développement de programmes orientés analyse de données. Passer par Python permet par exemple de faire de l'analyse interactive de données, en exploitant les bibliothèques scientifiques du langage.

Un connecteur pour R est également disponible : https://github.com/nicolewhite/RNeo4j. Il est plus léger en termes de fonctionnalités, mais il permet de manipuler et récupérer des éléments du graphe, notamment en passant par des requêtes Cypher, ce qui est amplement suffisant pour les tâches d'analyse et d'exploration auxquelles il se destine.

Le chapitre 9 offre un exemple d'application reposant sur Node.js, où nous utilisons la bibliothèque Seraph pour construire un graphe à partir de données issues de réseaux sociaux en temps réel.

6

Exemples pratiques de modélisation des données

La façon dont les données sont stockées influe fortement sur les usages qui peuvent en être fait. La modélisation en graphe ouvre de nouvelles opportunités d'exploitation.

La force de Neo4j devient évidente dès lors que l'on considère certains cas d'usage. Dans de nombreux cas, il est possible d'obtenir le même résultat avec d'autres bases, mais de façon moins simple et moins évidente.

Nous allons voir dans ce chapitre différents cas d'usage grâce auxquels nous nous familiariserons avec la structuration des données en graphe. Cette dernière présente l'avantage d'être particulièrement intuitive comparée à des modèles relationnels.

Les exemples que nous allons voir vont montrer quelques structures types qui reviennent régulièrement.

Modélisation en graphe dans Neo4j

Définir le modèle de graphe correspondant au domaine et aux usages équivant de façon concrète à déterminer comment sont projetées les données sur les nœuds et les relations, et définir les propriétés.

Un modèle doit répondre aux questions usuelles que les utilisateurs du système d'information veulent poser, dans un temps raisonnable et de préférence en minimisant le besoin en ressources et en espace de stockage.

Les usages peuvent couvrir des besoins purement opérationnels ou plutôt être axés sur l'analyse et l'exploration, voire un certain mélange des deux.

Il faut également faire attention à la nature des données qui seront stockées. Elles sont généralement de deux grands types :

- des données structurelles, de nature statique ou peu changeante, à l'image de liens hypertextes entre pages ou d'un réseau routier ;
- des données dynamiques, qui évoluent dans le temps, comme des clics ou des mises au panier au sein d'un site e-commerce.

Le graphe permet de les accommoder assez simplement au sein d'une structure unique.

Il reste donc à définir la représentation en graphe de son domaine.

Les nœuds et les relations sont gérés de façon égale dans Neo4j. Les deux entités peuvent contenir de l'information sous forme de propriétés, correspondant à des types primaires numériques, chaînes de caractères, booléens, de façon atomique ou associées dans des collections.

Gestion des dates dans Neo4j

Le type des propriétés reste assez limité par rapport à ce qui est possible par ailleurs. La principale limitation vient de l'absence de gestion des dates. Suivant les besoins, on pourra par exemple utiliser une représentation sous la forme AAAAMMJJ (par exemple, 20150131 pour le 1er janvier 2015), qui facilite les comparaisons entre dates, ou utiliser les heures Unix, qui comptent le nombre de secondes écoulées depuis le 1er janvier 1970 à 00 h 00 s'il y a besoin d'opérations algébriques plus précises sur les dates. Dans des cas plus complexes qu'un simple filtrage par date, il y aura nécessairement besoin de traitements au niveau de l'application.

Nœuds et relations

De façon générale, une information est intégrée au sein du graphe soit comme un nœud, soit comme une propriété d'un autre nœud, soit encore comme information directement dans la relation entre deux nœuds.

Pour les entités principales, la question se pose rarement et on les associera bien évidemment à des nœuds clairement identifiés au sein du graphe. C'est le cas d'utilisateurs, de produits, de documents, etc.

Il arrive parfois que le rôle de certaines entités soit plus ambigu à définir.

Dans des exemples de calcul de similarité, pouvoir compter les éléments en commun est plus simple lorsque le comptage porte sur les relations. En revanche, si l'attribut sert principalement à accéder au nœud ou à filtrer, en connaissant la valeur à l'avance, alors le mettre en propriété du nœud est plus adéquat.

Le schéma qui suit montre deux relations structurelles sur un article, les catégories et les auteurs. Dans cette configuration, on peut identifier des articles similaires sans spécifier les auteurs ou les catégories, mais simplement en définissant une traversée qui parcourt les relations correspondantes.

Figure 6–1

Suivant le rôle que jouent les attributs, ils peuvent être en propriété de nœud, pour des requêtes ciblées ou du filtrage, ou être eux-mêmes des nœuds servant d'intermédiaires lors de traversées.

On peut vouloir ensuite filtrer les articles par tonalité positive ou négative, auquel cas il est possible de conserver l'attribut en propriété sur le nœud et d'utiliser simplement une clause WHERE en Cypher durant la traversée.

Concernant les relations, les liens principaux sont eux aussi fortement contraints par le domaine. Il est hors de question par exemple de définir les amis d'un utilisateur sous forme d'une liste en propriété. Cependant, dans certains cas, une entité peut être projetée comme relation ou nœud.

Figure 6–2

Suivant les besoins, certaines entités peuvent servir comme relations, ou être matérialisées sous forme de nœuds.

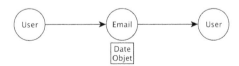

Ces deux exemples montrent deux modèles qui capturent des informations similaires, mais d'une façon différente. Dans certains cas, les e-mails en tant qu'objets ne nous intéressent pas et seul le fait qu'il y ait une interaction est exploité. Dans ce cas, il est inutile de surcharger inutilement le graphe de nœuds. En revanche, si les propriétés et le contenu de l'e-mail sont importants, alors il est impératif de l'associer à un nœud.

C'est le cas également des paniers sur un site e-commerce. Le concept de panier sert, d'une part, à grouper dans le temps les achats et joue, d'autre part, un rôle de normalisation dans le modèle relationnel. Suivant les besoins, il peut être matérialisé sur le graphe comme un nœud, ou ignoré (mais l'Id peut être porté en propriété de la relation entre un utilisateur et un produit).

Enfin, notons qu'il n'y a pas de schéma contraignant sur l'association entre types de nœuds et types de relations. Il faut simplement penser à figer la sémantique pour ne pas avoir différents types représentant la même relation.

Bien que le modèle de graphe par défaut contraigne à créer des relations orientées, il est possible, lors des requêtes, de ne pas prendre en compte la direction des relations, dans le cadre de relations symétriques, comme une amitié réciproque ou une mesure de distance.

Figure 6–3
Twitter et Facebook sont deux exemples de réseaux
sociaux, avec pour le premier des relations orientées
et pour le second des relations symétriques.

Labels et index

Les labels ajoutent une couche d'abstraction qui aide à structurer les données par domaines. Ils sont également depuis la version 2 de Neo4j l'interface d'indexation des propriétés des nœuds.

L'utilisation d'index améliore bien évidemment les performances des requêtes de façon substantielle. Les traversées nécessitent un point d'entrée dans le graphe et ce dernier passe très majoritairement par un groupe de nœuds liés à un label, avec un filtrage sur la valeur de certaines propriétés. Le cas le plus commun est de demander un nœud de type user ou object, avec un Id spécifique. Sans index, l'ensemble des nœuds est parcouru jusqu'à ce que la bonne valeur soit trouvée.

Les index servent également à définir des contraintes d'unicité sur les propriétés indexées, ce qui est préférable pour de nombreuses entités uniques.

Dans une certaine mesure, les labels peuvent également jouer un rôle de filtrage, en structurant les nœuds par types et par rôles. Dans certains cas, il sera plus judicieux de se passer de relations car elles seraient en très grand nombre et, en même temps, d'éviter d'ajouter des clauses WHERE dans les requêtes. Les labels jouent ce rôle et sont particulièrement adaptés pour définir des points d'entrée sur le graphe pour les traversées.

Il serait possible en théorie de pousser encore plus loin, par exemple en ayant un label par couleur, mais ce serait extrême et ignorerait complètement l'intérêt des index. Il s'agit donc de trouver le bon compromis entre les deux approches équivalentes.

Un autre cas concerne des attributs booléens de statuts (actif ou non, publié ou brouillon). Là encore, dépendant de la nature fondamentale ou non et dynamique ou non, on privilégiera une propriété qui peut être modifiée rapidement ou un label qui est plus pérenne dans le temps.

Généralement, les propriétés dynamiques ont des utilisations plus variées dans les traversées, tandis que les statuts structurels servent essentiellement de points d'entrée sur le graphe.

Pour savoir s'il faut choisir les labels, il convient de se demander si l'attribut permet de sélectionner massivement des nœuds. Les propriétés, quant à elles, servent principalement sur des sélections restreintes, par exemple sur un groupe de nœuds isolés pendant la traversée.

Site e-commerce

L'exemple suivant va illustrer la versatilité du système de traversée sur le graphe. L'aptitude à se déplacer arbitrairement de proche en proche offre en effet une vision panoramique des données et permet de matérialiser des requêtes.

Nous allons considérer un modèle de site e-commerce, avec des utilisateurs liés entre eux par des relations d'amitié et liés à des produits à travers des achats. Les produits eux-mêmes ont des tags et sont reliés à une marque.

Figure 6–4
Un modèle pour site e-commerce qui permet différents usages opérationnels et analytiques.

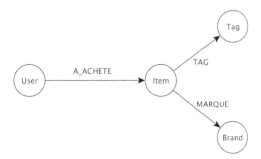

Les commandes Cypher suivantes vont générer notre graphe.

```
CREATE (user1:User {name:"Audrey", age:25})
CREATE (user2:User {name:"Bertrand", age:27})
CREATE (user3:User {name:"Imen", age:22})

CREATE (item1:Item {item:"clavier"})-[:A_ACHETE]->(user3)
CREATE (item2:Item {item:"ipad"})-[:A_ACHETE]->(user3)
CREATE (item2)-[:A_ACHETE]->(user1)
CREATE (item3:Item {item:"iphone"})-[:A_ACHETE]->(user1)
CREATE (item4:Item {item:"casque"})-[:A_ACHETE]->(user1)
```

```
CREATE (item3)-[:A_ACHETE]->(user2)
CREATE (item4)-[:A_ACHETE]->(user2)

CREATE (item1)-[:MARQUE]->(brand1:Brand {brand:"Logitech"})
CREATE (item2)-[:MARQUE]->(brand2:Brand {brand:"Apple"})
CREATE (item3)-[:MARQUE]->(brand2)

CREATE (item1)-[:TAG]->(tag1:Tag {tag:"accessoire"})
CREATE (item1)-[:TAG]->(tag2:Tag {tag:"blanc"})
CREATE (item2)-[:TAG]->(tag2)
CREATE (item2)-[:TAG]->(tag3:Tag {tag:"nomade"})
CREATE (item3)-[:TAG]->(tag2)
CREATE (item3)-[:TAG]->(tag3)
```

Figure 6–5
La requête a généré l'ensemble des nœuds et relations.

Added 12 labels, created 12 nodes, set 15 properties, created 16 relationships.
statement executed in 1216 ms.

Returned 0 rows.

Figure 6–6
Le graphe complet

Avec ce graphe à disposition, nous allons commencer par faire quelques requêtes à but exploratoire.

La commande Cypher suivante liste toutes les relations A_ACHETE et affiche les nœuds aux extrémités.

```
MATCH a-[:A_ACHETE]->b
RETURN a,b
```

Il suffit de déclarer un point d'entrée et plusieurs règles de traversée. Notons ici que le point d'entrée du graphe est une relation et non un nœud.

Nous pouvons traverser plus profondément le graphe pour chercher des informations moins explicites, mais qu'il capture structurellement. Nous allons voir notre premier exemple de similarité structurelle, assez simple, mais qui servira plus tard à définir des requêtes de recommandations plus complexes.

Commençons simplement par faire une recherche de produits similaires par tag, en parcourant le graphe.

```
MATCH (i:Item {item:'ipad'})-[:TAG]->tag<-[r:TAG]-sim
RETURN sim, tag, i
```

Figure 6–7
Illustration du graphe de similarité

Nous allons chercher le produit similaire à l'iPad.

```
MATCH (i:Item {item:'ipad'})-[:TAG]->tag<-[r:TAG]-sim
RETURN sim AS 'similaire à ipad', count(r) AS score
ORDER BY score DESC LIMIT 1
```

Figure 6–8
L'iPhone est similaire à l'iPad,
avec 2 tags en commun.

similaire à ipad	score
	2
item iphone	

La relation de similarité peut être définie de différentes façons au sein du graphe, en utilisant la variété de relations disponibles. Dans notre cas, nous avons la capacité de comparer les produits par transactions et d'obtenir les produits achetés ensemble.

```
MATCH (i:Item {item:'ipad'})-[:A_ACHETE]->()<-[r:A_ACHETE]-sim
RETURN sim AS 'produit complémentaire', count(r) AS score
ORDER BY score DESC LIMIT 1
```

Figure 6–9
Produit similaire à l'iPad

produit complémentaire	score
	1
item iphone	

Ceci nous permet de construire un premier exemple de filtrage collaboratif. Nous avons structurellement le graphe suivant :

```
MATCH (u:User)<-[:A_ACHETE]-i
WHERE u.name IN ['Audrey', 'Bertrand']
RETURN u, i
```

Figure 6–10
Similarité à travers les transactions
des clients

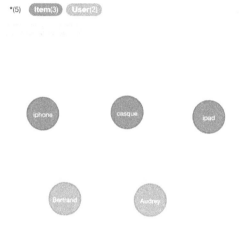

Nous allons utiliser ces relations pour faire des recommandations à Bertrand à partir de ses achats antérieurs.

```
MATCH (u:User {name:'Bertrand'})<-[:A_ACHETE]-i-[r1:A_ACHETE]->sim
WITH u, sim, count(r1) AS score1
ORDER BY score1 DESC
MATCH sim<-[r2:A_ACHETE]-rec
WHERE NOT(u--rec)
RETURN rec AS 'recommandation pour Bertrand', count(r2) AS score
ORDER BY score DESC
```

La traversée cherche les utilisateurs aux profils similaires, ceux qui ont les mêmes achats que Bertrand par analyse du voisinage.

Ces deux concepts de traversée par voisinage et de similarité structurelle se généralisent très facilement pour étendre le principe de recommandation à d'autres cas d'usage. Ainsi, et de façon similaire au cas précédent, il nous suffit de modifier le point d'entrée sur le graphe et de filtrer sur les bonnes relations pour réutiliser notre requête précédente afin d'identifier les clients potentiellement intéressés par une campagne marketing sur une marque, un tag ou un univers (en mettant le nœud correspondant sur le graphe).

Nous ciblons donc le graphe suivant :

```
MATCH u<-[:A_ACHETE]-a-[:MARQUE]->b
RETURN u,a,b
```

Figure 6–11
Le graphe permet d'exploiter
rapidement les dépendances
profondes dans n'importe
quel sens.

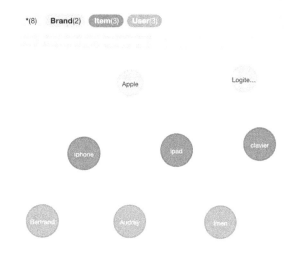

Nous pouvons également utiliser d'autres relations disponibles. Par exemple, il peut y avoir des liens entre utilisateurs, comme la relation d'amitié de l'exemple du réseau social. Dans ce cas, il est très facile d'ajouter une profondeur supplémentaire pour aller identifier des prospects.

```
MATCH c-[:AMI]-u<-[:A_ACHETE]-a-[:MARQUE]->b
RETURN u,a,b,c
```

Ajoutons un filtrage sur l'âge pour viser un segment en particulier :

```
MATCH (b:Brand {brand:'Apple'})-[:MARQUE]-()-[:A_ACHETE]-u-[:AMI]-target
WHERE NOT(b-[:MARQUE]-()-[:A_ACHETE]-target)
AND target.age<25
RETURN DISTINCT target AS 'cible dans la bonne catégorie'
```

Il est enfin possible d'accomplir des opérations d'agrégation, de croiser et de filtrer des informations sur le graphe pour répondre à des questions sur le contexte commercial de l'entreprise. Nous allons par exemple parcourir le graphe suivant :

```
WITH length(["nomade", "blanc"]) AS ntag
MATCH (i:Item), (t:Tag)
WHERE t.tag IN ["nomade", "blanc"]
WITH i,t,ntag
MATCH u-[:A_ACHETE]-i-[r:TAG]->t
WHERE u.age>=25 AND u.age<35
RETURN i,t,u
```

Figure 6–12
Le graphe à parcourir pour lier
les tags à certains utilisateurs

Déterminons le nombre d'achats par rapport à certains tags et dans une tranche d'âge donnée :

```
WITH length(["nomade", "blanc"]) AS ntag
MATCH (i:Item), (t:Tag)
WHERE t.tag IN ["nomade", "blanc"]
WITH i,t,ntag
MATCH i-[r:TAG]->t
WITH i, count(r) AS score, ntag
ORDER BY score DESC
WHERE score=ntag
WITH i
MATCH i-[:A_ACHETE]-u
WHERE u.age>=25 AND u.age<35
RETURN count(DISTINCT u) AS 'nombre de personnes dans les catégories et la tranche d'âge'
```

Figure 6–13
Notre graphe trouve
deux personnes correspondant
aux critères spécifiés.

nombre de personnes dans les catégories et la tranche d'âge

2

Réseau de transport et calculs de chemins

Quand on pense au graphe, certains domaines viennent plus spontanément en tête que d'autres. C'est le cas des réseaux sociaux, mais aussi des différents réseaux de transport. Il est donc normal de voir comment Neo4j gère ces graphes.

Nous allons étudier un modèle imaginaire de métro, avec deux lignes et plusieurs stations. Une même station de métro peut correspondre à différentes lignes. Pour ne pas perdre en finesse dans notre modèle, nous allons introduire un concept utile en modélisation de graphes, la notion d'hyperarête, qui est une arête pouvant relier plus de deux nœuds. Celle-ci sera cependant matérialisée sur le graphe par un nœud.

Dans le cadre d'un calcul d'itinéraire, nous souhaitons pouvoir prendre en compte le temps de transit entre deux quais de différentes lignes passant par une même station.

Il semble donc pertinent d'associer un nœud station principal et d'avoir ensuite des nœuds spécifiques par ligne reliés entre eux par des arêtes portant l'information du temps moyen nécessaire pour les parcourir.

```
CREATE (l1_denfert:Ligne1 {station:"denfert"})-[:CORRESPONDANCE {mn:1}]-
>(l2_denfert:Ligne2 {station:"denfert"})
CREATE (l1_stmichel:Ligne1 {station:"st michel"})-[:CORRESPONDANCE {mn:1}]-
>(l2_stmichel:Ligne2 {station:"st michel"})

CREATE (s_stmichel:Metro {station:"st michel"})-[:STATION {mn:0.5}]->l1_stmichel
CREATE s_stmichel-[:STATION {mn:0}]->l2_stmichel

CREATE (l1_nation:Ligne1 {station:"nation"})-[:LIGNE1 {mn:5}]->l1_denfert
CREATE l1_denfert-[:LIGNE1 {mn:25}]->l1_stmichel
CREATE (l2_antony:Ligne2 {station:"antony"})-[:LIGNE1 {mn:5}]->l2_denfert
CREATE l2_denfert-[:LIGNE2 {mn:5}]->(l2_luxembourg:Ligne2 {station:"luxembourg"})
CREATE l2_luxembourg-[:LIGNE2 {mn:5}]->l2_stmichel

CREATE (s_nation:Metro {station:"nation"})-[:STATION {mn:0.5}]->l1_nation
```

Figure 6–14
Le modèle nous permet de calculer les plus courts chemins entre stations, avec les correspondances.

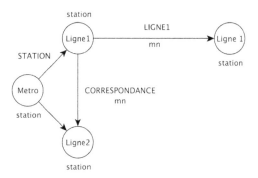

Figure 6–15
Notre réseau imaginaire de lignes
de métro dans Neo4j

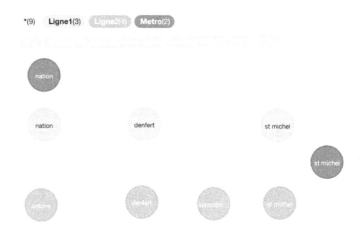

La recherche des plus courts chemins se fait très simplement à travers les fonctions dédiées.
Le plus simple est de définir la distance, comme le nombre de liens à parcourir entre un
point A et un point B. C'est suffisant dans de nombreux cas et se fait de la façon suivante :

```
MATCH (start:Metro {station:"nation"}), (end:Metro {station:"st michel"})
MATCH p=allShortestPaths(start-[*]-end)
RETURN nodes(p), length(p) AS total
ORDER BY total LIMIT 1
```

Figure 6–16
Le plus court chemin entre Nation
et St Michel

Cependant, dans notre cas, plutôt que de minimiser le nombre d'étapes, nous préférons atteindre notre destination en un temps plus court. Nous allons donc réécrire la requête sous la forme suivante :

```
MATCH p=(start:Metro {station:"nation"})-[*]-(end:Metro {station:"st michel"})
RETURN DISTINCT nodes(p) AS etapes, reduce(tps=0, r IN relationships(p) | tps+r.mn)
AS total
ORDER BY total LIMIT 1
```

Figure 6–17
En prenant en compte le temps de parcours, le chemin recommandé n'est plus le même.

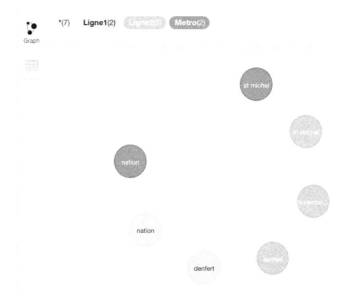

Figure 6–18
En sélectionnant l'affichage Rows, nous avons également le temps total.

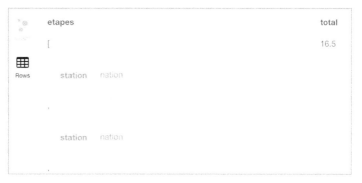

Nous introduisons ici l'opérateur reduce, qui prend une liste d'éléments en entrée et renvoie un nombre en sortie. Après initialisation à 0, la variable tps est incrémentée par toutes les valeurs en mn des relations présentes le long du chemin entre les nœuds de départ et d'arrivée.

Neo4j est équipé d'autres fonctions pour traiter des listes, comme `filter` qui ne conserve que les éléments d'une liste correspondant à une condition donnée, ou `extract` qui exécute une commande sur l'ensemble des éléments de la liste.

Les tronçons sont considérés comme des relations entre stations, mais ils pourraient très bien être traités comme des objets à part entière, par exemple pour y connecter des informations de maintenance et les intervenants.

Figure 6–19
L'ajout d'un nœud intermédiaire permet d'injecter de l'information complémentaire au sein du graphe.

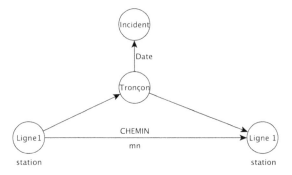

Il faut alors faire attention à la propriété de temps sur les relations qui sont dédoublées, si on souhaite conserver la possibilité d'effectuer des recherches de chemins.

Gestion de projets

Après avoir vu un exemple de filtrage et de similarité structurelle, puis un calcul de chemins, nous allons terminer le chapitre sur une troisième grande famille de modèles qui a trait à la gestion de dépendances au sein du graphe.

L'illustration sera faite à travers un outil de gestion de projets. Chaque projet est lié à différents intervenants à travers des tâches.

Figure 6–20
Notre modèle de graphe pour la gestion de projets, avec différentes informations structurelles (tâches, compétences et dépendances) et dynamiques (retards)

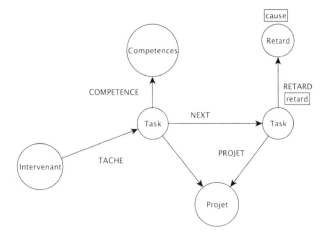

La dépendance des tâches est matérialisée par des relations, suivant le principe de la liste chaînée.

Le modèle connecte des experts à des projets. Chaque projet est lui-même caractérisé par des besoins en compétences et regroupe différentes tâches, ordonnées dans le temps.

Nous n'affectons pas explicitement de compétences aux personnes impliquées dans le projet. L'information sera récupérée directement par l'exploration du graphe à travers les affectations passées.

Pour définir l'ordre au sein du graphe, nous utilisons l'astuce de la relation de dépendance NEXT, qui matérialise explicitement l'information au sein du graphe, pour des requêtes plus simples. Il s'agit d'un exemple d'utilisation du principe des listes chaînées.

Nous allons générer le graphe avec les commandes suivantes :

```
CREATE (i1:Intervenant {qui:"Steve"})-[:TACHE]->(t1:Tasks {tache:"formulaire"})
CREATE (i2:Intervenant {qui:"Bill"})-[:TACHE]->(t2:Tasks
{tache:"integration formulaire"})
CREATE i1-[:TACHE]->(t3:Tasks {tache:"super fonctionnalité"})
CREATE i2-[:TACHE]->(t4:Tasks {tache:"menu responsive"})
CREATE (i3:Intervenant {qui:"Larry"})-[:TACHE]->(t5:Tasks {tache:"mots-clés"})

CREATE t1-[:PROJET]->(p1:Projet {projet:"le projet", retard:"3"})
CREATE (t12:Tasks {tache:"module paiement"})-[:PROJET]->(p1)
CREATE t2-[:PROJET]->p1
CREATE t3-[:PROJET]->(p2:Projet {projet:"le super projet"})
CREATE t4-[:PROJET]->p2
CREATE t5-[:PROJET]->p2

CREATE t1-[:COMPETENCE]->(c1:Competences {competence:"PHP"})
CREATE t2-[:COMPETENCE]->(c2:Competences {competence:"JS"})
CREATE t3-[:COMPETENCE]->c1
CREATE t4-[:COMPETENCE]->c2
CREATE t5-[:COMPETENCE]->(c3:Competences {competence:"SEO"})

CREATE t1-[:NEXT]->t12
CREATE t12-[:NEXT]->t2
CREATE t1-[:RETARD {retard:3}]->(cause1:Retards {cause:"modification client"})
CREATE t12-[:RETARD {retard:1}]->(cause1)
CREATE t12-[:RETARD {retard:1}]->(cause2:Retards {cause:"bug"})
```

Figure 6–21
Notre graphe relie une équipe
à deux projets, ainsi qu'aux tâches
associées et aux informations
supplémentaires comme
les compétences nécessaires
et les causes de retard. Les tâches
peuvent avoir des relations
de dépendance.

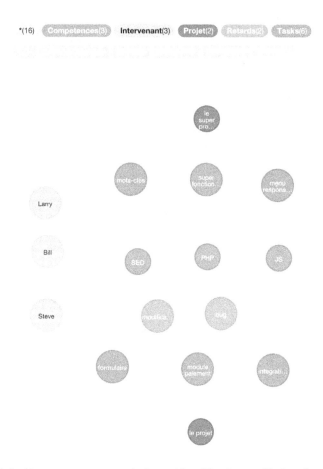

Un nouveau projet doit démarrer et nous souhaitons identifier les profils les plus adaptés aux tâches, à travers les compétences nécessaires :

```
MATCH (c:Competences)-[:COMPETENCE]-t-[:TACHE]-(i:Intervenant)
WHERE c.competence in ["JS", "SEO"]
RETURN i AS intervenant, count(t) AS score
ORDER BY score DESC
```

Figure 6–22
Les personnes étant intervenues
le plus sur des tâches
correspondant aux compétences
recherchées

intervenant	score
qui Bill	2
qui Larry	1

Nous n'avons volontairement pas associé de compétences aux experts afin de mettre en avant leurs expériences à travers les projets traités, ceci afin d'éviter de figer les profils et de ne filtrer que sur l'expérience effective. Le graphe nous permet de requêter naturellement à une profondeur de 2.

Nous pouvons complexifier le modèle de deux façons :

- en ajoutant une information temporelle en propriété sur la relation avec les tâches, ce qui nous permet de filtrer les compétences sur une plage de temps et d'automatiquement éliminer les compétences qui n'ont plus servi depuis très longtemps ;
- en ajoutant des points de complexité sur les tâches, pour distinguer les interventions courtes des développements plus complexes.

Il est également possible de construire une vision complète des tâches du projet, en partant de la première et en suivant les dépendances.

```
MATCH (p:Projet {projet:"le projet"})<-[:PROJET]-(t1:Tasks {tache:"formulaire"})
WITH t1
MATCH p=t1-[:NEXT]-(t2:Tasks {tache:"integration formulaire"})
RETURN nodes(p)
```

Figure 6–23
Les différentes tâches associées
au projet

Toutes ces informations structurent le projet et ne sont pas amenées à beaucoup évoluer dans le temps. Il est possible d'ajouter des informations complémentaires tout au long du cycle de vie du projet. Lors de la création du graphe, nous avons ainsi greffé des incidents causant du retard sur certaines tâches.

Nous pouvons ainsi analyser les causes principales des retards :

```
MATCH (p:Projet {projet:"le projet"})<-[:PROJET]-()-[r:RETARD]-cause
RETURN cause, count(r) AS score
ORDER BY score DESC
```

Figure 6–24
Les causes des retards

Puis nous calculons quelques statistiques :

```
MATCH (p:Projet {projet:"le projet"})<-[:PROJET]-()-[r:RETARD]-cause
RETURN sum(r.retard) AS 'total retard', avg(r.retard) AS 'retard moyen'
```

7

Analyse prédictive
et recommandation

Dans ce chapitre, nous allons approfondir les concepts propres à la recommandation, qui représente un des cas d'usage les plus répandus du graphe.

Le développement d'applications web fournit un cadre idéal pour comprendre l'intérêt d'un modèle de graphe dans le croisement et l'analyse de données, comparé à d'autres bases de données.

Nous avons brièvement présenté la recommandation e-commerce dans le chapitre précédent. Nous allons maintenant expliciter les différentes stratégies et refaire l'exercice avec un jeu de données plus conséquent : Movielens, un jeu de données contenant des films notés par des utilisateurs et mis à disposition par le groupe de recherche GroupLens de l'université du Minnesota.

Nous discuterons enfin de la validation des scénarios prédictifs, étape nécessaire étant donné les possibilités offertes et les différences intrinsèques des nombreux domaines des affaires. Car, bien évidemment, le modèle parfait qui correspond à toutes les situations n'existe pas.

Les modèles prédictifs reposent généralement sur des algorithmes de *machine learning*, comprenant l'ensemble des outils et méthodes pour développer des systèmes qui apprennent à exécuter des tâches à travers l'expérience. Ils ont pour objectif d'analyser, prédire et généraliser à partir d'observations passées, sans l'intervention d'un opérateur humain.

Ils ont été conçus dans une optique différente de celle des systèmes experts, où des règles bien précises sont implémentées à partir des connaissances des experts du domaine considéré. Assez complexes à mettre en place, ces systèmes experts sont souvent trop spécialisés et se destinent généralement à des usages restreints, sans compter que la compilation et le test des règles à appliquer peuvent vite devenir très complexes à implémenter et à maintenir.

Les algorithmes prédictifs prennent ainsi le relais pour automatiser les processus d'exploration et d'analyse, puis apporter une vision différente de la donnée, en dégageant automatiquement des règles et en minimisant l'effort humain en amont (il faut toutefois garder en tête que les règles ainsi dégagées n'ont pas toujours pour but d'être interprétables).

L'analyse prédictive trouve de plus en plus sa place dans la boîte à outils de ceux qui ont pour mission de transformer des données brutes en information utile. Ils peuvent en extraire de la connaissance de façon plus systématique, malgré les bruits générés par des flux de données de plus en plus importants.

Nous allons voir dans ce chapitre comment construire des algorithmes prédictifs sur le graphe, et comment les utiliser pour faire de la recommandation.

La recommandation, un bref panorama

Les systèmes de recommandation sont des solutions logicielles capables d'apprendre des associations entre éléments à partir de données historiques et d'utiliser cette connaissance pour faire remonter des informations spécifiques aux utilisateurs en fonction de leurs interactions passées et présentes avec le système. Ils se sont imposés sur Internet ces dernières années comme des outils incontournables pour nous aider à faire face à l'abondance des médias, pages web, articles, etc.

Contrairement à un outil de recherche, le système de recommandation se distingue par la nature automatique et passive de la remontée d'informations. Celle-ci est faite dans un environnement et un contexte donnés, sans nécessiter de requête explicite et sans qu'aucune question n'ait été explicitement formulée. Son usage a été popularisé entre autres par Amazon, afin de personnaliser les recommandations d'achat aux clients, en fonction de leurs paniers. Les avantages économiques sont indéniables et Amazon revendique par exemple 30 % de ventes à travers les suggestions automatiques.

Figure 7–1
Amazon, leader de la vente de produits en ligne, est l'un des précurseurs de la recommandation.

Produits fréquemment achetés ensemble

Prix pour les deux : EUR 128,35

Ajouter les deux au panier

Afficher la disponibilité du produit et le mode de livraison

Cet article : Networks, Crowds, and Markets: Reasoning About a Highly Connected World de David Easley EUR 57,87

Networks: An Introduction de Mark Newman Relié EUR 70,48

Les clients ayant acheté cet article ont également acheté

Introductory Logic and Sets for Computer Scientists
Dr N. Nissanke
Broché
EUR 84,29

Social and Economic Networks
Matthew Jackson
☆☆☆☆☆ 1
Broché
EUR 42,75

Networks: An Introduction
Mark Newman
Relié
EUR 70,48

Cracking the Coding Interview: 150...
Gayle Laakmann...
☆☆☆☆☆ 4
Broché
EUR 38,38

L'entreprise Netflix, dans le cadre de sa compétition Netflix Prize, a distribué en 2009 1 million de dollars à l'équipe qui obtint la meilleure amélioration sur les prédictions des notes de films par les utilisateurs du site. La somme suffit pour témoigner de l'ampleur des enjeux liés à la recommandation.

Dans le cas d'un site e-commerce, les systèmes de recommandation ont pour objectif d'augmenter la taille du panier moyen par client, ce qui peut être obtenu soit en vendant des produits plus chers *(up-selling)*, soit en augmentant le nombre de produits par panier *(cross-selling)*.

S'agissant de sites de contenus et/ou de médias, leur objectif est d'identifier les éléments qui contribuent à augmenter l'interaction avec l'utilisateur, afin entre autres de fidéliser ce dernier, le faire rester plus longtemps ou lui faire découvrir le plus de contenu possible.

Un système de recommandation remonte l'information automatiquement, en se basant sur le profil de l'utilisateur et ses différentes interactions avec le système d'information ou avec d'autres utilisateurs. Il devient ainsi possible d'anticiper ses besoins et d'extraire l'information la plus pertinente pour lui à un instant donné.

La pertinence est déterminée par un système de mesure de similarités, permettant d'attribuer des scores et de mettre en relation des entités, généralement un groupe d'utilisateurs et des cibles d'intérêts (produits commerciaux, films, musiques...).

Soit les principes généraux reposent sur un filtrage collaboratif, qui va exploiter les statistiques des interactions entre les utilisateurs et les éléments, puis identifier les associations les plus probables, soit ils se concentrent sur les caractéristiques des éléments et cherchent à les regrouper par propriétés similaires.

- Filtrage collaboratif

   Il correspond à une généralisation à l'échelle du Web du bouche à oreille. On parle également d'intelligence collective pour le définir.

   Les objets à recommander sont liés à travers les interactions avec les utilisateurs. Celles-ci n'étant pas aléatoires, certains éléments vont avoir tendance à être associés plus souvent et, lorsque les données sont suffisantes, nous pouvons faire l'hypothèse que les patterns qui émergent correspondent aux goûts et aux profils des utilisateurs.

   Les préférences des utilisateurs pour les éléments sont accessibles de différentes façons, par exemple en utilisant un système de notes explicites, ou une forme de retour *(feedback)* implicite pondéré, après un achat ou une consultation. Par exemple, dans l'e-commerce, on associera une note maximale pour un acte d'achat et on la réduira pour une mise au panier, un clic, une visite, etc.

   Le filtrage collaboratif a pour avantage de ne pas nécessiter de connaissances préalables sur les objets à recommander. En contrepartie, il faut avoir suffisamment de statistiques sur les interactions pour identifier correctement les associations pertinentes des fluctuations statistiques.

Figure 7–2
Les items sont associés à travers les interactions dynamiques. Ces dernières ne sont pas aléatoires et les patterns statistiques qui émergent correspondent aux profils sous-jacents des utilisateurs. Cette approche est l'équivalent algorithmique d'un bouche à oreille à l'échelle du Web.

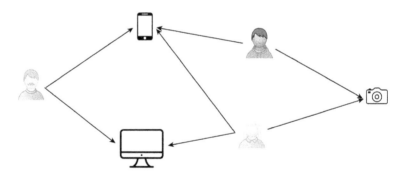

- Filtrage par caractéristiques

   On cherche à associer les différents éléments entre eux, puis à recommander aux clients/utilisateurs des éléments de constitution ou de nature similaire ou complémentaire. Ce type de filtrage présente l'inconvénient de devoir caractériser l'ensemble des éléments de façon à les comparer les uns aux autres.

   C'est ce qui a été fait notamment par le site Pandora, qui propose une radio intelligente adaptant le contenu en fonction des goûts de l'auditeur. Un travail titanesque a été accompli en amont dans le cadre du projet Music Genome Project, où des musiciens affectent des attributs aux musiques, afin de les comparer.

Ce genre d'approche est toutefois assez limité lorsque des humains doivent intervenir dans la chaîne de valorisation, et il ne permet pas de traiter massivement de large quantités de données.

Cette approche est en revanche intéressante lorsque les caractéristiques peuvent être extraites automatiquement. C'est le cas par exemple lorsqu'on travaille avec certains contenus non structurés, notamment des documents, des articles ou des livres, grâce aux outils de traitement du langage naturel et d'analyse sémantique.

Figure 7–3
Le filtrage par caractéristiques, comme son nom l'indique, cherche à relier les items à travers leurs propriétés intrinsèques. L'algorithme exploite les liens structurels.

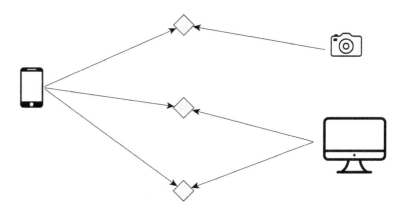

Principaux défis et limitations

La problématique de la recommandation est habituellement formalisée et traitée à l'aide d'une matrice regroupant l'ensemble des données d'interaction.

Dans la matrice suivante, les utilisateurs et les produits forment respectivement les lignes et les colonnes. Les cellules correspondant à une interaction sont remplies, les autres sont laissées vides.

	Item 1	Item 2	Item 3	Item 4	Item 5
Utilisateur 1	1	1	1		
Utilisateur 2		1	1	1	
Utilisateur 3				1	1
…					

Ces matrices sont généralement creuses, c'est-à-dire que les entrées sont majoritairement non renseignées. Ce fait est intrinsèque au principe même de la recommandation, puisque, d'une part, il est difficile de demander à tous utilisateurs d'interagir avec tous les éléments et, d'autre part, il n'est pas toujours évident de définir l'équivalent implicite d'une mauvaise note.

Les approches matricielles sont devenues particulièrement populaires suite au concours Netflix Challenge, organisé entre 2006 et 2009.

Figure 7–4
La factorisation de matrice cherche des matrices telles que leur produit redonne les valeurs déjà présentes dans les cellules de la matrice utilisée. Le calcul du produit permet de déterminer ensuite les valeurs dans les cellules vides pour prédire l'intérêt d'un utilisateur pour un produit avec lequel il n'a pas encore interagi.

La méthode par décomposition en valeurs singulières (SVD, *Singular Value Decomposition*) a été particulièrement mise en avant et elle a permis à de nombreuses équipes d'avancer dans le tableau des scores. Le but de la compétition était toutefois de prédire les notes des utilisateurs, sur une échelle entière positive, tandis que la SVD peut générer des entrées négatives. C'est la raison pour laquelle d'autres méthodes ont été développées par la suite, qui imposent des contraintes de positivité sur les entrées des matrices calculées. Il s'agit des méthodes de factorisation non négatives de matrices ou NMF (*Non-negative Matrix Factorization*, parfois également notée NNMF).

Ces approches présentent toutefois l'inconvénient de devoir manipuler toute la matrice de données, qui peut atteindre des tailles gigantesques pour des sites à forte volumétrie. Le temps réel est généralement complexe à mettre en place et les calculs se font de façon batch, avec des temps de calcul longs avant d'accéder aux derniers résultats.

Amazon a contourné cette limitation en calculant les associations sur les produits et non sur les personnes. Les relations identifiées sont ainsi plus stables dans le temps. La contrepartie est une personnalisation amoindrie des résultats par utilisateur.

Enfin, le calcul des résultats peut également être long et fastidieux, étant donné le nombre de comparaisons à faire pour définir les éléments similaires et établir les recommandations.

Recommandation sur le graphe

Nous avons vu dans le chapitre 2 qu'un graphe peut se représenter sous une forme matricielle équivalente. La recommandation, qui repose avant tout sur des relations et des interactions, se modélise naturellement sous la forme d'un graphe et est plus intuitive à appréhender.

Dans le cas le plus simple, la matrice correspond à un graphe biparti, reliant un groupe de nœuds utilisateurs à un groupe d'objets.

Les algorithmes de recommandation sont de plus en plus sophistiqués et doivent être capables de répondre à des questions de plus en plus complexes. Différentes approches tendent à aller plus loin que la simple mise en correspondance d'utilisateurs et de produits (étude basique de panier). Elles cherchent également à incorporer de plus en plus de données, pour contextualiser les recommandations, en prenant en compte les comportements des utilisateurs. Pour l'encodage de l'information, le graphe offre une alternative élégante et légère aux propositions d'extension des matrices de similarités à des tenseurs de similarités, qui deviennent vite très lourds à prendre en charge en termes de mémoire.

Figure 7–5
Le graphe correspondant à la
matrice présentée précédemment

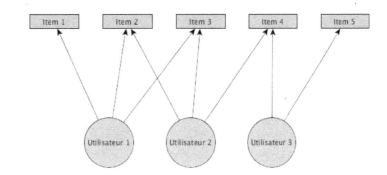

L'approche que nous allons illustrer repose sur l'exploration du voisinage. Il s'agit d'une approche statistique locale qui, partant d'un nœud, va recueillir toutes les informations nécessaires à l'identification des liens absents qui ont la plus grande probabilité d'occurrence.

Son grand avantage est de favoriser la recommandation en temps réel, puisque le modèle restreint intrinsèquement les données à parcourir pour un calcul donné.

L'injection d'informations complémentaires dans les différentes entités formant le graphe offre également des opportunités de raffinement et de filtrage. Il devient ainsi possible d'utiliser un même graphe pour générer différents résultats en ajustant les requêtes, afin de s'adapter au contexte de l'utilisateur tout au long de son parcours.

Enfin, la hiérarchisation des éléments pertinents se fait pendant la traversée du graphe, au fur et à mesure de la collecte d'informations, et ne nécessite plus de comparer massivement l'ensemble des éléments présents.

Movielens : recommandation de films

Nous avons parlé de recommandation e-commerce, pour faire suite à notre exemple introductif du chapitre 6. Cependant, le modèle s'applique aussi bien à d'autres types de recommandations, et le principe d'analyse de liens est suffisamment général pour autoriser différentes déclinaisons. Nous utiliserons par exemple les mêmes stratégies pour de la recommandation d'articles ou de produits e-commerce.

Dans ce chapitre, nous allons faire l'exercice classique de la recommandation de films, en utilisant un jeu de données classique dans le domaine, disponible sur https://movielens.org/.

Movielens est un site de recommandation de films développé dans le cadre du travail de recherche de groupe GroupLens sur les systèmes de recommandation. Il s'agit d'un site à but académique et non commercial, qui fournit des recommandations personnalisées de films en échange d'une participation sur la notation de ces derniers, afin de constituer un jeu de données académique.

Le jeu de données est téléchargeable sur la page http://grouplens.org/datasets/movielens/.

Figure 7–6
La page principale
du site movielens.org

Figure 7–7
Page principale des jeux
de données Movielens

MovieLens   Datasets

GroupLens Research has collected and made available rating data sets
from the MovieLens web site (http://movielens.org). The data sets were   MovieLens
collected over various periods of time, depending on the size of the
set. Before using these data sets, please review their README files for the   HetRec 2011
usage licenses and other details.
                                                                        WikiLens
Help our research lab: Please take a short survey about the MovieLens
datasets   Book-Crossing

MovieLens 100k   Jester

Stable benchmark dataset. 100,000 ratings from 1000 users on 1700   EachMovie
movies. Released 4/1998.

- README.txt
- ml-100k.zip (size: 5 MB, checksum)
- Index of unzipped files

Nous allons travailler avec le dataset MovieLens 100k. Il contient moins de données, mais il nous permet de nous concentrer uniquement sur la construction des modèles de recommandation, sans avoir à gérer la volumétrie et les performances.

Import des données

Après avoir extrait l'archive `ml-100k.zip`, vous trouverez dans le répertoire un fichier `README` avec de nombreuses informations et, entre autres, les fichiers de données suivants que nous allons utiliser :

- `u.user`

  Ce fichier contient les différents utilisateurs, au nombre de 943. Les colonnes telles que définies dans le `README` correspondent à un identifiant qui sera réutilisé à travers les autres fichiers : l'âge, le genre, le métier et un code postal.

```
user id | age | gender | occupation | zip code
```

- `u.item`

  Ce fichier contient les 1 682 films qui serviront lors de la recommandation, avec les colonnes correspondantes :

```
movie id | movie title | release date | video release date | IMDb URL | unknown
| Action | Adventure | Animation | Children's | Comedy | Crime | Documentary | Drama
| Fantasy | Film-Noir | Horror | Musical | Mystery | Romance | Sci-Fi | Thriller
| War | Western |
```

  Les 19 derniers champs se réfèrent au genre du film et ont une valeur 0 ou 1 suivant que le genre s'applique ou non.

- `u.genre`

  Il s'agit d'une liste des genres, qui nous servira à définir les nœuds sans avoir à les saisir manuellement un par un.

- `u.data`

  C'est le fichier principal contenant 100 000 notes qui serviront de relations entre les utilisateurs et les films. Les colonnes sont :

```
user id | item id | rating | timestamp
```

Les données disponibles peuvent être modélisées sous la forme d'un graphe.

Figure 7–8
Notre graphe aura trois nœuds,
reliant les utilisateurs aux films
et les films aux genres.

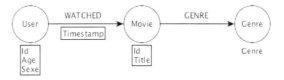

Afin d'importer les données dans Neo4j, nous allons utiliser la requête d'import de CSV disponible dans Cypher.

Après avoir démarré le serveur Neo4j, vous pouvez faire un test rapide sur les fichiers, afin de vérifier que tout fonctionne correctement. La commande suivante charge le fichier et en affiche les dix premières lignes :

```
LOAD CSV FROM "file:///Users/abenhenni/Work/neo4j-book/Recommender/ml-100K/u.data"
AS line
FIELDTERMINATOR "\t"
RETURN line LIMIT 10
```

Figure 7–9
Nous vérifions que les fichiers sont correctement interprétés sur les dix premières lignes.

La variable `line` contient les données d'une ligne, sous forme d'une liste dont les éléments correspondent à chacune des colonnes. Ces dernières sont définies par le `FIELDTERMINATOR`, qui est ici une tabulation.

Avant de procéder à l'import, nous allons commencer par déclarer les contraintes sur les champs qui identifient chacune des entités, afin d'avoir des nœuds uniques. Rentrez les déclarations suivantes dans la console Cypher une par une :

```
CREATE CONSTRAINT ON (user:User) ASSERT user.Id IS UNIQUE
CREATE CONSTRAINT ON (movie:Movie) ASSERT movie.Id IS UNIQUE
CREATE CONSTRAINT ON (genre:Genre) ASSERT genre.genre IS UNIQUE
```

Nous allons commencer par la création des nœuds de genres :

```
LOAD CSV FROM "file:///Users/abenhenni/Work/neo4j-book/Recommender/ml-100K/u.genre"
AS line
FIELDTERMINATOR "|"
CREATE (n:Genre {genre:line[0]})
```

Figure 7–10
Création de 19 nœuds de genres

Nous faisons de même pour les utilisateurs, en faisant attention à convertir l'âge en une valeur numérique. Nous ignorons ici l'occupation et le code postal.

```
LOAD CSV FROM "file:///Users/abenhenni/Work/neo4j-book/Recommender/ml-100K/u.user"
AS line
FIELDTERMINATOR "|"
WITH line
CREATE (user:User {Id:line[0], age:toInt(line[1]), sexe:line[2]})
```

Figure 7–11
Nous faisons de même
pour les utilisateurs.

La création des nœuds de films va s'avérer plus délicate, car nous souhaitons réaliser des relations conditionnelles avec les genres. Or, Cypher ne dispose pas de clause If permettant ce genre de requêtes.

Il est cependant possible d'émuler le comportement qui nous intéresse à travers la requête suivante :

```
FOREACH (n IN (CASE line[6] WHEN "0" THEN [] ELSE [1] END) |
  MERGE (movie:Movie {Id:line[0], title:line[1]})
  MERGE (action:Genre {genre:"Action"})
  CREATE (movie)-[:GENRE]->(action)
)
```

Si la colonne 6, qui correspond à la présence d'un tag dans le genre Action, contient un 0, la commande CASE crée une liste vide et la deuxième commande n'a aucun élément sur lequel s'exécuter. Il ne se passe donc rien. En revanche, si la colonne contient un élément, alors la deuxième partie s'exécute, et une relation est créée entre le film et le genre.

Nous ne créerons pas la relation avec le genre unknown, car ce dernier n'a aucune valeur informative, et l'existence de ces liens va simplement introduire du bruit dans le modèle en reliant par défaut les films qui y sont liés et qui n'ont a priori aucun lien entre eux autre que l'absence de genre.

La requête complète est la suivante :

```
LOAD CSV FROM "file:///Users/abenhenni/Work/neo4j-book/Recommender/ml-100K/u.item"
AS line
FIELDTERMINATOR "|"
WITH line
FOREACH (n IN (CASE line[5] WHEN "0" THEN [] ELSE [1] END) |
  MERGE (movie:Movie {Id:line[0], title:line[1]})
  MERGE (action:Genre {genre:"Action"})
  CREATE (movie)-[:GENRE]->(action)
)
FOREACH (n IN (CASE line[6] WHEN "0" THEN [] ELSE [1] END) |
  MERGE (movie:Movie {Id:line[0], title:line[1]})
  MERGE (adventure:Genre {genre:"Adventure"})
  CREATE (movie)-[:GENRE]->(adventure)
)
FOREACH (n IN (CASE line[7] WHEN "0" THEN [] ELSE [1] END) |
  MERGE (movie:Movie {Id:line[0], title:line[1]})
  MERGE (animation:Genre {genre:"Animation"})
  CREATE (movie)-[:GENRE]->(animation)
)
FOREACH (n IN (CASE line[8] WHEN "0" THEN [] ELSE [1] END) |
  MERGE (movie:Movie {Id:line[0], title:line[1]})
  MERGE (children:Genre {genre:"Children"})
  CREATE (movie)-[:GENRE]->(children)
)
FOREACH (n IN (CASE line[9] WHEN "0" THEN [] ELSE [1] END) |
  MERGE (movie:Movie {Id:line[0], title:line[1]})
  MERGE (comedy:Genre {genre:"Comedy"})
  CREATE (movie)-[:GENRE]->(comedy)
)
FOREACH (n IN (CASE line[10] WHEN "0" THEN [] ELSE [1] END) |
  MERGE (movie:Movie {Id:line[0], title:line[1]})
  MERGE (crime:Genre {genre:"Crime"})
  CREATE (movie)-[:GENRE]->(crime)
)
FOREACH (n IN (CASE line[11] WHEN "0" THEN [] ELSE [1] END) |
  MERGE (movie:Movie {Id:line[0], title:line[1]})
  MERGE (doc:Genre {genre:"Documentary"})
  CREATE (movie)-[:GENRE]->(doc)
)
FOREACH (n IN (CASE line[12] WHEN "0" THEN [] ELSE [1] END) |
  MERGE (movie:Movie {Id:line[0], title:line[1]})
  MERGE (drama:Genre {genre:"Drama"})
  CREATE (movie)-[:GENRE]->(drama)
)
```

```
FOREACH (n IN (CASE line[13] WHEN "0" THEN [] ELSE [1] END) |
  MERGE (movie:Movie {Id:line[0], title:line[1]})
  MERGE (fantasy:Genre {genre:"Fantasy"})
  CREATE (movie)-[:GENRE]->(fantasy)
)
FOREACH (n IN (CASE line[14] WHEN "0" THEN [] ELSE [1] END) |
  MERGE (movie:Movie {Id:line[0], title:line[1]})
  MERGE (noir:Genre {genre:"Film-Noir"})
  CREATE (movie)-[:GENRE]->(noir)
)
FOREACH (n IN (CASE line[15] WHEN "0" THEN [] ELSE [1] END) |
  MERGE (movie:Movie {Id:line[0], title:line[1]})
  MERGE (horror:Genre {genre:"Horror"})
  CREATE (movie)-[:GENRE]->(horror)
)
FOREACH (n IN (CASE line[16] WHEN "0" THEN [] ELSE [1] END) |
  MERGE (movie:Movie {Id:line[0], title:line[1]})
  MERGE (musical:Genre {genre:"Musical"})
  CREATE (movie)-[:GENRE]->(musical)
)
FOREACH (n IN (CASE line[17] WHEN "0" THEN [] ELSE [1] END) |
  MERGE (movie:Movie {Id:line[0], title:line[1]})
  MERGE (mystery:Genre {genre:"Mystery"})
  CREATE (movie)-[:GENRE]->(mystery)
)
FOREACH (n IN (CASE line[18] WHEN "0" THEN [] ELSE [1] END) |
  MERGE (movie:Movie {Id:line[0], title:line[1]})
  MERGE (romance:Genre {genre:"Romance"})
  CREATE (movie)-[:GENRE]->(romance)
)
FOREACH (n IN (CASE line[19] WHEN "0" THEN [] ELSE [1] END) |
  MERGE (movie:Movie {Id:line[0], title:line[1]})
  MERGE (scifi:Genre {genre:"Sci-Fi"})
  CREATE (movie)-[:GENRE]->(scifi)
)
FOREACH (n IN (CASE line[20] WHEN "0" THEN [] ELSE [1] END) |
  MERGE (movie:Movie {Id:line[0], title:line[1]})
  MERGE (thriller:Genre {genre:"Thriller"})
  CREATE (movie)-[:GENRE]->(thriller)
)
FOREACH (n IN (CASE line[21] WHEN "0" THEN [] ELSE [1] END) |
  MERGE (movie:Movie {Id:line[0], title:line[1]})
  MERGE (war:Genre {genre:"War"})
  CREATE (movie)-[:GENRE]->(war)
)
FOREACH (n IN (CASE line[22] WHEN "0" THEN [] ELSE [1] END) |
  MERGE (movie:Movie {Id:line[0], title:line[1]})
  MERGE (western:Genre {genre:"Western"})
  CREATE (movie)-[:GENRE]->(western)
)
```

Figure 7–12
Les nœuds correspondant aux films sont ajoutés, ainsi que les relations conditionnelles aux genres.

Maintenant que tous les éléments sont dans le graphe, nous allons créer les relations entre les utilisateurs et les films. Le PERIODIC COMMIT fait persister les données à intervalles réguliers dans le graphe.

```
USING PERIODIC COMMIT 1000
LOAD CSV FROM "file:///Users/abenhenni/Work/neo4j-book/Recommender/ml-100K/u.data"
AS line
FIELDTERMINATOR "\t"
WITH line
MERGE (user:User {Id:line[0]})
MERGE (movie:Movie {Id:line[1]})
WITH line, user, movie
WHERE toInt(line[2])>=3
CREATE user-[:WATCHED {rating:toInt(line[2]), timestamp:toInt(line[3])}]->movie
```

Nous avons également fait le choix ici de ne pas inclure toutes les relations, mais uniquement celles dont la note est supérieure à 3, pour simplifier les requêtes de démonstration. Vous êtes bien entendu vivement encouragé à tenter d'autres stratégies et combinaisons avec les notes.

Nous allons ignorer les notes dans les exemples qui suivent, car leur gestion peut s'avérer assez complexe.

Rigoureusement, il faudrait définir une fonction qui normalise toutes les notes, car contrairement à ce que peut laisser penser leur nature numérique, il s'agit bien d'une variable subjective, qui varie très certainement d'un utilisateur à un autre et d'un film à un autre. Ainsi, certains utilisateurs sont très certainement plus généreux que d'autres, auquel cas un 4 peut être la note moyenne chez les uns alors qu'il s'agit de la note correspondant à un chef-d'œuvre chez d'autres. De plus, certains films disposent d'un effet de sympathie ou d'une popularité marquée, ce qui tend naturellement à majorer leur note de façon totalement subjective et indépendante de leur valeur intrinsèque.

Requêtes Cypher et stratégies de recommandation

Comme montré précédemment, on peut analyser le jeu de données à l'aide de quelques requêtes, par exemple pour trouver des films appartenant à une liste de genres :

```
MATCH (g:Genre)<-[:GENRE]-(m:Movie)
WHERE g.genre IN ["Adventure", "Sci-Fi"]
RETURN m LIMIT 10
```

et les utilisateurs qui apprécient le plus cette combinaison de genres :

```
MATCH (g:Genre)<-[:GENRE]-(m:Movie)<-[r:WATCHED]-(u:User)
WHERE g.genre IN ["Adventure", "Sci-Fi"]
RETURN u, count(r) AS score ORDER BY score DESC
```

Il est possible également de traverser en partant des utilisateurs et d'extraire les genres favoris de certains segments :

```
MATCH (u:User)-[:WATCHED]->(m:Movie)-[r:GENRE]-(g:Genre)
WHERE u.sexe="F" AND u.age<25
RETURN g.genre, count(r) AS score ORDER BY score DESC
```

Voici également une astuce pour sélectionner aléatoirement des nœuds, qui est parfois utile pour constituer un échantillon de test :

```
MATCH (u:User)
WITH u, rand() AS rnd ORDER BY rnd DESC LIMIT 1
MATCH (g:Genre)<-[r:GENRE]-(m:Movie)<-[:WATCHED]-(u)
RETURN u.Id, g.genre, count(r) AS score ORDER BY score DESC
```

Nous allons par la suite utiliser cette approche, afin de tester rapidement la requête sur différents utilisateurs sans nous soucier de la constitution de listes.

Filtrage collaboratif

Pour chaque utilisateur, nous allons chercher les spectateurs ayant le même historique de visionnage et piocher les films les plus populaires que notre cible n'a pas encore visionnés :

```
MATCH (u:User)
WITH u, rand() AS rnd ORDER BY rnd DESC LIMIT 1
MATCH (u)-[:WATCHED]->(m:Movie)<-[:WATCHED]-(sim)-[r:WATCHED]->(rec)
WHERE NOT u-[:WATCHED]->rec
RETURN u.Id, rec.title AS recommended, count(r) AS score ORDER BY score DESC
LIMIT 10
```

En relançant la requête plusieurs fois, vous devriez constater qu'elle n'est pas toujours très performante et peut prendre un certain temps avant de retourner les résultats de la traversée.

Figure 7–13
Recommandations pour l'utilisateur choisi aléatoirement par la requête, à partir des visionnages positifs de profils équivalents

u.Id	recommended	score
254	Fargo (1996)	11472
254	Fugitive, The (1993)	11435
254	Pulp Fiction (1994)	11068
254	Monty Python and the Holy Grail (1974)	10775
254	Princess Bride, The (1987)	10758
254	Terminator, The (1984)	10500
254	Godfather, The (1972)	9965
254	Terminator 2: Judgment Day (1991)	9953
254	When Harry Met Sally... (1989)	9919
254	Groundhog Day (1993)	9724

Ce n'est pas étonnant, sachant que certains utilisateurs peuvent avoir visionné jusqu'à 500 films, comme le montre la requête suivante :

```
MATCH (u:User)-[r:WATCHED]->(m:Movie)
RETURN u.Id, count(r) AS score ORDER BY score DESC LIMIT 10
```

Figure 7–14
Certains utilisateurs sont de vrais cinéphiles.

u.Id	score
450	509
655	504
276	436
416	429
13	423
393	393
308	382
7	371
234	363
303	361

Une requête équivalente montre que de nombreux films ont également été vus plusieurs centaines de fois. La requête telle qu'exprimée peut parcourir jusqu'à quelques centaines de millions d'embranchements, ce qui alourdit considérablement la traversée.

Il est assez simple d'optimiser la requête, en adoptant une approche de type N plus proches voisins et en décomposant la requête en conséquence :

```
MATCH (u:User)
WITH u, rand() AS rnd ORDER BY rnd DESC LIMIT 1
MATCH (u)-[:WATCHED]->(m:Movie)<-[r_sim:WATCHED]-(sim)
WITH u, sim, count(r_sim) AS N ORDER BY N DESC LIMIT 50
MATCH sim-[r:WATCHED]->(rec)
WHERE NOT u-[:WATCHED]->rec
RETURN u.Id, rec.title AS recommended, count(r) AS score ORDER BY score DESC LIMIT 10
```

Figure 7–15
Les performances sont largement meilleures et les résultats restent dans des genres équivalents, mais avec un ordre différent.

u.Id	recommended	score
254	Monty Python and the Holy Grail (1974)	47
254	Fugitive, The (1993)	46
254	Terminator, The (1984)	45
254	True Lies (1994)	43
254	Terminator 2: Judgment Day (1991)	43
254	Top Gun (1986)	42
254	When Harry Met Sally... (1989)	42
254	Groundhog Day (1993)	41
254	Field of Dreams (1989)	41
254	Princess Bride, The (1987)	41

La limite sert à plafonner les combinatoires de la requête. Nous avons en contrepartie introduit un paramètre dans la requête qu'il va falloir fixer. La valeur finale dépend, d'une part, des scores de validation que nous définissons dans le paragraphe suivant et, d'autre part, des contraintes de performances en production, si le dimensionnement des serveurs n'est pas suffisant et si les requêtes doivent s'exécuter en temps réel par exemple.

D'autres méthodes de filtrage sont également utilisables. Il est par exemple possible de filtrer sur une période en utilisant les timestamps dans les relations.

```
MATCH (u)-[r_watch:WATCHED]->(m:Movie)
WHERE r_watch.timestamp>{date_limit}
```

La différence ici porte sur le nombre de films pris en compte, qui devient variable en fonction des utilisateurs. Dans notre exemple, ce n'est pas une bonne idée d'empoyer cette méthode, car la date ne correspond pas au visionnage du film mais au jour où les utilisateurs l'ont noté. Il faut de plus faire attention aux utilisateurs qui n'ont pas interagi avec le site depuis un certain temps et qui se retrouveront sans recommandation car avec une liste de départ nulle.

Filtrage par caractéristiques et approche hybride

De façon très simple, il est également possible de calculer une similarité structurelle pour les films, en utilisant les genres :

```
MATCH (u:User)
WITH u, rand() AS rnd ORDER BY rnd DESC LIMIT 1
MATCH (u)-[:WATCHED]->(m:Movie)-[:GENRE]->(g:Genre)<-[r:GENRE]-rec
WHERE NOT u-[:WATCHED]->rec
RETURN rec.title AS recommended, count(r) AS score ORDER BY score DESC LIMIT 10
```

Vu qu'il y a un nombre très limité de genres, les performances sont donc beaucoup plus stables et les temps plus courts. Nous nous attendons cependant à ce que les résultats dans ce cas ne soient pas très diversifiés.

Figure 7–16
Nous avons repris le même utilisateur que pour les requêtes précédentes et constatons que les résultats ont considérablement changé.

u.Id	recommended	score
254	Kull the Conqueror (1997)	168
254	Fly Away Home (1996)	166
254	Kid in King Arthur's Court, A (1995)	151
254	Super Mario Bros. (1993)	147
254	Pagemaster, The (1994)	141
254	First Knight (1995)	139
254	Army of Darkness (1993)	139
254	Transformers: The Movie, The (1986)	138
254	Hercules (1997)	132
254	That Darn Cat! (1997)	132

Cependant, nous pourrions introduire de nouvelles caractéristiques en enrichissant le jeu de données initial à partir de jeux de données complémentaires. Voici quelques pistes pour les lecteurs qui souhaitent aller plus loin :

- les acteurs, réalisateurs, scénaristes, sociétés de production ;
- la nationalité du film ;
- les résultats au box-office ;
- la date de sortie ;
- etc.

Une fois toutes ces informations sur le graphe, nous pouvons définir une approche hybride qui combine les précédentes stratégies de similarités structurelles et dynamiques (historique des utilisateurs). Il y a différentes façons de procéder ; nous allons les chaîner pour un filtrage progressif dans le temps :

```
MATCH (u:User)
WITH u, rand() AS rnd ORDER BY rnd DESC LIMIT 1
MATCH (u)-[:WATCHED]->()<-[r_watch:WATCHED]-sim
WITH u, sim, count(r_watch) AS score_watch
ORDER BY score_watch DESC LIMIT 50
MATCH sim-[r_sim:WATCHED]->(m:Movie)
WITH u, m, count(r_sim) AS score_sim ORDER BY score_sim DESC LIMIT 100
MATCH (u)-[:WATCHED]->()-[:GENRE]->(g:Genre)<-[r_genre:GENRE]-m
RETURN u.Id, m.title, score_sim+count(r_genre) AS score ORDER BY score DESC LIMIT 10
```

Figure 7–17
Là encore, les résultats sont différents.

u.Id	m.title	score
254	Empire Strikes Back, The (1980)	219
254	Wizard of Oz, The (1939)	182
254	Star Wars (1977)	179
254	Return of the Jedi (1983)	178
254	Batman (1989)	165
254	True Lies (1994)	164
254	Princess Bride, The (1987)	162
254	E.T. the Extra-Terrestrial (1982)	156
254	Jurassic Park (1993)	152
254	Star Trek: The Wrath of Khan (1982)	146

La formule de hiérarchisation des résultats donne un poids égal aux deux contributions. Il est possible d'introduire explicitement des coefficients pour en modifier les valeurs :

```
C_sim*score_sim+C_genre*count(r_genre)
```

Nous pouvons également pondérer par la date de sortie du film, en mettant celle-ci en propriété des nœuds films :

```
(C_sim*score_sim+C_genre*count(r_genre))*exp(-(today-m.date)/Tau)
```

avec un modèle de décroissance exponentielle qui favorise les films récents et qui pénalise assez rapidement ceux plus anciens. La constante Tau sélectionne une période de filtrage plus ou moins longue.

Quelques mots sur la validation des modèles

Au vu du nombre de possibilités, il est naturel de se demander comment sélectionner le bon algorithme. Nous avons vu que les résultats varient facilement en changeant la valeur de certains paramètres ou en introduisant de nouveaux filtres. Il n'est pas possible de savoir a priori quel algorithme est le plus adapté, et il n'existe pas de solution passe-partout. Un algorithme peut s'avérer mauvais dans un cas et être pertinent dans un autre. La phase de validation est donc primordiale et doit toujours être appliquée au cas par cas. Il est extrêmement difficile de dire à l'avance quel modèle est le plus performant dans un contexte donné, y compris pour des jeux de données similaires mais qui sont issus de différentes sources. La structure des données n'influe en rien sur la dynamique qui les a générées.

La méthode idéale consiste à tester les résultats des recommandations avec de vrais utilisateurs. Néanmoins, il est délicat de vouloir systématiquement tout tester en ligne, en prenant le risque d'exposer les utilisateurs à de mauvais résultats aux conséquences potentiellement catastrophiques en termes d'image du site, de fidélisation et de monétisation du moteur de recommandation.

Validation hors ligne

La validation de modèles prédictifs est un sujet en soi et nous n'allons certainement pas développer toutes les méthodes existantes, ni aborder toutes les subtilités sous-jacentes.

De façon générale, une métrique de succès est définie afin de comparer objectivement les différents modèles. Elle est calculée sur une partie des données dédiée au processus de validation, qui est disjointe de l'ensemble de données utilisé pour générer les recommandations, ceci afin de s'assurer que le modèle se généralise bien à des données inédites. Lorsque les interactions sont datées, comme c'est le cas dans notre jeu de données avec les timestamps, alors il est intéressant de chercher à reproduire le déroulement des interactions dans le temps, soit en ajoutant les relations pour chaque nouveau jour puis en cherchant à prédire les relations qui apparaîtront dans les jours suivants, soit plus simplement en retirant la dernière transaction et en cherchant à la retrouver avec les informations disponibles.

Figure 7–18
Les données sont séparées en deux. Le premier groupe calcule les recommandations, tandis que le second les valide. Il est primordial que les deux groupes soient disjoints.

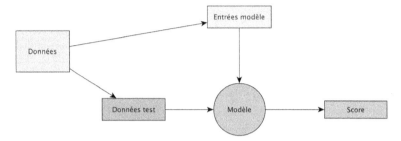

Dans notre exercice, nous retournons une liste de N éléments pour un utilisateur cible.

Certains de ses éléments sont pertinents et sont reliés à l'utilisateur dans l'ensemble de validation : il s'agit de vrais positifs (VP). Le reste est considéré comme non pertinent : il s'agit de faux positifs (FP).

L'objectif est de faire remonter les éléments que nous avons mis de côté dans l'ensemble de validation, qui correspondent à la somme des vrais positifs et des faux négatifs (FN). La métrique que nous souhaitons maximiser est donc le ratio entre VP et N. Il s'agit de la précision de notre système.

Une autre métrique souvent utilisée en conjonction avec la précision est le rappel. Elle correspond à la fraction de VP par rapport à l'ensemble des positifs disponibles (VP + FN). Toutefois, retourner tous les documents assure un rappel de 100 %, au détriment de la précision.

Il est courant de s'appuyer sur le score F, qui tend à équilibrer les deux métriques et favorise la remontée des VP, tout en minimisant le nombre de FP entre le premier et le dernier VP.

Le rappel est utile lorsque la priorité est de retourner l'ensemble des documents correspondant à la requête, comme dans le cadre d'un moteur de recherche.

Prise en compte de l'ordre des recommandations

La précision en l'état n'est pas suffisante. Par exemple, dans les deux cas suivants, les deux recommandations vont avoir le même score de précision.

Figure 7–19
Illustration de deux recommandations différentes de cinq éléments. Nous avons deux vrais positifs pour les deux listes, mais ceux-ci sont en meilleure position dans la seconde.

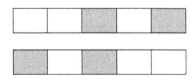

 Vrai Positif

Or, il est indéniable que la seconde recommandation est préférable, puisqu'elle met en avant les propositions les plus intéressantes, soit celles qui sont cliquées.

Nous pouvons construire une nouvelle métrique à partir de la précédente, qui prend en compte l'ordre des VP dans la liste de recommandations, en faisant le calcul de la précision au rang k, notée P@k, en faisant varier k de 1 à N.

La *Mean Average Precision* (MAP), ou moyenne de la précision moyenne, consiste à simplement prendre la moyenne sur tous les utilisateurs de la métrique précédente.

Figure 7–20

Pour chaque recommandation, on tronque la liste à chaque élément correct et on calcule la précision à cet ordre. On fait ensuite la moyenne sur le nombre d'éléments corrects. La MAP est la moyenne de ce résultat étendue à tous les utilisateurs.

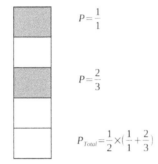

$$P = \frac{1}{1}$$

$$P = \frac{2}{3}$$

$$P_{Total} = \frac{1}{2} \times \left(\frac{1}{1} + \frac{2}{3} \right)$$

De la validation hors ligne aux tests A/B en ligne

La validation hors ligne élimine rapidement les modèles les plus défaillants, mais il faut faire attention lorsqu'on exploite des données historiques pour la validation de modèles prédictifs. La définition des faux positifs n'est pas nécessairement pertinente, dans la mesure où il n'est pas possible de savoir si une recommandation aurait été cliquée ou non si elle avait été effectivement proposée à l'utilisateur. C'est la raison pour laquelle il faut considérer les résultats de validation hors ligne, utilisant les données historiques statiques et figées, non pas comme un résultat final, mais comme une étape intermédiaire de filtrage, qui fournit une sorte de limite maximale sur l'erreur et qui peut en conditions réelles obtenir de meilleurs résultats.

In fine, la seule façon de se prononcer de manière définitive sur le meilleur modèle passe par une validation en conditions réelles, avec de vrais utilisateurs.

Là encore, nous rencontrons différentes façons de procéder, offrant plus ou moins de sophistication dans la détermination des statistiques et leur validation. Quelques règles de base évitent des erreurs naïves. La plus importante est de contrôler convenablement les conditions de comparaison entre différents modèles.

En effet, il ne suffit pas qu'un modèle mis en ligne affiche de meilleurs résultats que son prédécesseur. Il est important de pouvoir contrôler au mieux l'ensemble des facteurs qui interviennent. C'est la raison pour laquelle la comparaison de deux modèles doit être simultanée dans le temps et il est impératif de ne pas introduire de biais sur les autres variables, en cherchant dans la mesure du possible à les répartir également entre les deux modèles.

Figure 7–21
Les utilisateurs sont séparés en flux parallèles de sorte à contrôler toutes les variables extérieures (période, âge, pays). De la sorte, nous réduisons les risques de biais, et nous assurons que les différences entre les deux modèles sont principalement dues à leur valeur intrinsèque.

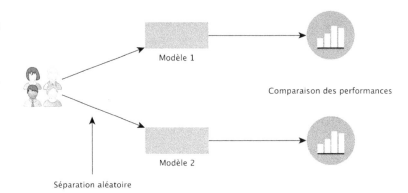

Les tests A/B cherchent à réaliser cette condition en séparant aléatoirement les flux d'utilisateurs entre le modèle 1 et le modèle 2 pendant toute la durée de test.

Concernant la durée de déroulement, il y a un compromis à trouver entre, d'une part, faire tourner le test le moins longtemps possible pour limiter les pertes liées au fonctionnement du mauvais modèle et, d'autre part, le faire tourner suffisamment longtemps pour maximiser la probabilité de faire le bon choix.

Obtenir uniquement des piles lors d'une série de lancers de pièces est certes peu probable, mais pas impossible. Ce n'est que pour un nombre conséquent de tirages que la proportion de piles et de faces s'équilibre pour une pièce non biaisée. De la même façon, un modèle peut parfaitement obtenir de meilleurs résultats qu'un autre, simplement à travers l'accumulation d'effets aléatoires sur une période de temps donnée.

8

Outils de visualisation

La visualisation des données aide à les comprendre et s'impose comme une étape nécessaire dans leur valorisation. Nous allons présenter les concepts et les outils qui simplifient ce travail en exploitant les données stockées dans Neo4j.

Dans la longue chaîne de valorisation des données, la visualisation joue assurément un rôle primordial, puisqu'elle est souvent à l'interface entre les experts qui travaillent sur les données et les décideurs ou les publics qui doivent s'approprier les connaissances extraites. Elle constitue également très souvent la première étape dans le travail de compréhension nécessaire avant l'exploitation et la valorisation des données.

La visualisation de données se manifeste sous différentes formes : infographies informatives, dashboards, mais aussi pour le spécialiste des données qui l'utilise lors de l'exploration d'un vaste jeu de données complexe.

Elle a l'avantage de rendre tangibles certaines informations contenues dans les données et d'en faciliter la compréhension en les rendant directement accessibles. Il s'agit d'une mise en forme visuelle qui réduit l'effort cognitif nécessaire à l'interprétation des tendances et à l'identification de patterns.

Figure 8–1
Des données brutes sont difficiles à interpréter par l'œil humain.

| X | 1.4 | 1.4 | 1.3 | 1.5 | 1.4 | 1.7 | 1.4 | 1.5 | 1.4 | 1.5 | 1.5 | 1.6 | 1.4 | 1.1 | 1.2 | 1.5 | 1.3 | 1.4 | 1.7 | 1.5 |
| Y | 0.2 | 0.2 | 0.2 | 0.2 | 0.2 | 0.4 | 0.3 | 0.2 | 0.2 | 0.1 | 0.2 | 0.2 | 0.1 | 0.1 | 0.2 | 0.4 | 0.4 | 0.3 | 0.3 | 0.3 |

Figure 8–2
La représentation visuelle facilite la lisibilité des données en faisant apparaître des tendances.

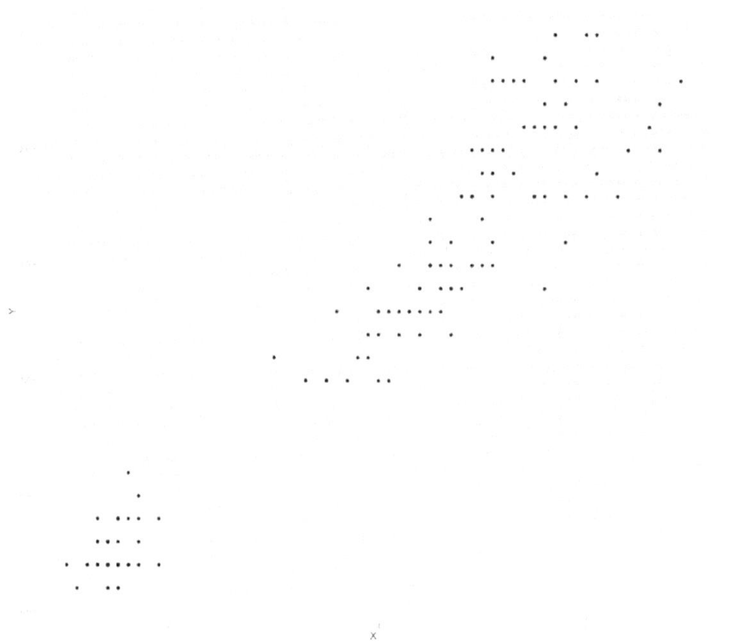

Une bonne visualisation doit avant tout être lisible et mettre en avant les points clés qui facilitent la compréhension des enjeux. Il s'agit de trouver un équilibre entre la pertinence et l'esthétique afin d'une part, qu'elle reste agréable et engageante et, d'autre part, de permettre une meilleure lecture et une mémorisation plus simple.

Le sujet est vaste et de nombreux experts et chercheurs de différentes disciplines travaillent de concert au sein de nombreux projets pour faire avancer nos connaissances et développer des outils adaptés à la gestion de la complexité.

Nous allons nous intéresser dans ce chapitre à la visualisation de graphes, en présentant quelques outils qui nous permettront de démarrer rapidement avec Neo4j.

Visualisation de graphes

La visualisation des graphes a ses propres défis.

Il faut définir une méthode qui projette l'ensemble des éléments du graphe sur une surface en deux dimensions avec des coordonnées x et y. Les nœuds en eux-mêmes ne portent a priori aucune information particulière permettant de les positionner, sauf cas particuliers, comme des graphes liés à des cartes géographiques, où à chaque point sont associées une longitude et une latitude.

La réponse la plus naïve est de tirer aléatoirement la position de chaque élément. Cependant, il est fort peu probable que cette méthode fasse ressortir les informations clés sur un jeu de données volumineux.

La visualisation doit répondre à différentes questions : qui est connecté à qui ? À quelle profondeur ? Quels sont les nœuds centraux ? Quelles sont les structures émergentes ?

Les graphes sont particulièrement adaptés pour détecter des structures émergentes à grande échelle et qui nécessitent de construire une vision holistique des données et de leur contexte. Très souvent, les connaissances extraites ne peuvent pas l'être simplement par l'analyse des éléments pris individuellement.

Certaines associations entre les différents nœuds permettent d'identifier rapidement des communautés. Elles aident également à identifier des structures anormales, qui correspondent par exemple à des cas de fraudes. Enfin, il est très commun de visualiser des graphes de flots, physiques ou immatériels.

Il est ainsi possible, pour favoriser la compréhension, de jouer sur les attributs des nœuds, comme associer des couleurs à des types, varier la taille des nœuds en fonction de certaines valeurs et, évidemment, faire la même chose au niveau des relations.

Toutefois, les approches les plus intéressantes sont celles qui consistent à calculer de façon algorithmique les positions des nœuds afin de faire ressortir des informations particulières.

Une des méthodes les plus populaires dans la représentation de graphes est l'algorithme Force Atlas. Bien que reposant sur un ensemble de règles assez basiques, il contribue généralement à faire apparaître des structures intéressantes au sein du graphe, notamment en faisant ressortir des ensembles de nœuds fortement connectés les uns aux autres (des clusters pouvant être associés par exemple à des communautés).

Les nœuds s'attirent ou se repoussent en fonction du nombre et/ou de l'intensité de leurs relations. Un modèle physique où les relations sont équivalentes à des ressorts va calculer de façon dynamique un état d'équilibre du système. La tension des ressorts peut être proportion-nelle au nombre de relations, ou aux poids associés s'il y en a.

Nous allons illustrer cette méthode dans la suite du chapitre.

sigma.js

Le mode de communication avec le serveur Neo4j est idéal pour implémenter une visualisa-tion au sein d'une page HTML. Il existe un certain nombre de bibliothèques JavaScript orientées datavisualisation, et certaines d'entre elles disposent de méthodes dédiées aux don-nées en graphe. Parmi les plus populaires, on trouve D3.js, qui est avant tout un outil de manipulation du DOM créant des SVG à partir des données pour les intégrer au sein de la page.

D3.js est le couteau suisse de la visualisation de données, comme peut en témoigner la galerie du projet : https://github.com/mbostock/d3/wiki/Gallery.

Figure 8–3
D3.js n'est pas dédié uniquement
aux graphes, mais permet
de construire des visualisations
assez variées.

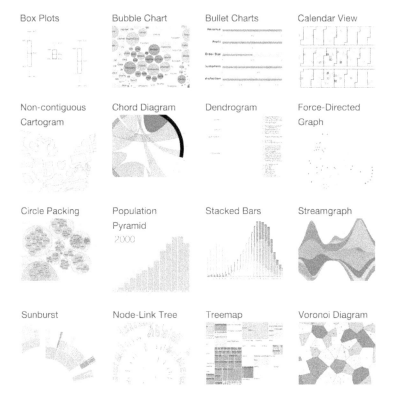

Cependant, nous allons privilégier dans ce chapitre une autre bibliothèque, plus simple d'accès et entièrement dédiée au graphe : sigma.js (http://sigmajs.org).

Figure 8–4
Page principale du projet sigma.js

Sigma is a JavaScript library **dedicated to graph drawing**. It makes easy to publish networks on Web pages, and allows developers to integrate network exploration in rich Web applications.

Principes de base

Pour la suite du chapitre, nous vous invitons à télécharger les fichiers depuis le dépôt du projet : https://github.com/jacomyal/sigma.js/releases/.

Une fois le téléchargement terminé, il suffit d'extraire le contenu de l'archive pour avoir accès à tous les fichiers nécessaires au fonctionnement de sigma.js.

Vous devez voir l'arborescence suivante.

Figure 8–5
L'ensemble des fichiers extraits depuis l'archive sigma.js, ainsi que le fichier index.html qui servira à créer la visualisation.

Nous allons commencer avec un projet simple, qui va être développé directement dans ce répertoire.

Commencez par créer un fichier `index.html` avec le contenu suivant :

index.html

```
<html>
<head>
    <style type="text/css">
    #container {
        max-width: 100%;
        height: 100%;
    }
    </style>
</head>
<body>
    <div id="container"></div>
    <script src="sigma.min.js"></script>
    <script></script>
</body>
</html>
```

Dans le corps de notre HTML, nous avons déclaré un `<div>` avec l'Id `container`, auquel nous avons associé un style assez sommaire, mais néanmoins nécessaire pour que Sigma puisse faire apparaître le graphe.

La première déclaration de script lie la bibliothèque sigma.js à travers le fichier `sigma.min.js` à notre document. La deuxième balise `script` va nous permettre de déclarer notre code.

Telle quelle, cette page n'affiche encore rien. Nous allons donc commencer par y placer deux nœuds.

Pour ce faire, on instancie un graphe en l'associant à l'élément du DOM :

```
var s = new sigma('container');
```

L'instance expose des méthodes pour créer des nœuds et des arêtes.

```
s.graph.addNode({})
s.graph.addEdge({})
```

L'exemple suivant représente deux nœuds et une relation :

```
s.graph.addNode({
  "id": "n0",
  "label": "Noeud A",
  "x": 0,
  "y": 0,
  "size": 3,
  "color": '#f55'
```

```
    }).addNode({
        "id": "n1",
        "label": "Noeud B",
        "x": 1,
        "y": 1,
        "size": 2
    }).addEdge({
        "id": "e0",
        "source": "n0",
        "target": "n1"
    });

    s.refresh();
```

Figure 8–6
Notre premier graphe,
avec les deux nœuds et la relation
que nous avons créée.

Les nœuds sont identifiés par un Id, qui permet de les cibler lors de la création de la relation. Leurs positions ont été fixées (x, y), ainsi que leur taille (size) et leur couleur (color). Un label sert à les étiqueter sur le canevas. L'affichage du graphe se fait à la dernière ligne par la méthode s.refresh().

Avant de lire des données depuis Neo4j, nous allons voir comment traiter des données au format JSON.

Sigma repose sur un principe de plug-ins, qui étendent les fonctionnalités de base avec des méthodes supplémentaires. Par exemple, dans l'archive que vous avez téléchargée, il y a déjà les plug-ins suivants dans le répertoire du même nom :

* sigma.layout.forceAtlas2.min.js ;

* sigma.parsers.gexf.min.js ;

* sigma.parsers.json.min.js ;

* sigma.plugins.animate.min.js ;

* sigma.plugins.neighborhoods.min.js.

Nous allons dans l'exemple suivant parser le JSON, afin de récupérer des données extérieures dans notre page et les afficher. Il suffit pour ce faire d'ajouter la ligne suivante dans la déclaration des scripts en bas de la page HTML.

```
<script src="plugins/sigma.parsers.json.min.js"></script>
```

Le fichier `data.json` est placé à la racine au même niveau qu'`index.html`.

Lire des fichiers locaux depuis Chrome

Pour des raisons de sécurité, le navigateur Chrome n'autorise pas la lecture. Il faut lancer le navigateur avec l'argument suivant : `-allow-file-access-from-files`.

data.json

```json
{
  "nodes": [
    {
      "id": "n0",
      "label": "A node",
      "x": 0,
      "y": 0,
      "size": 3
    },
    {
      "id": "n1",
      "label": "Another node",
      "x": 1.5,
      "y": 1,
      "size": 2
    },
    {
      "id": "n2",
      "label": "And a last one",
      "x": 1,
      "y": 2,
      "size": 1
    }
  ],
  "edges": [
    {
      "id": "e0",
      "source": "n0",
      "target": "n1"
    },
    {
      "id": "e1",
      "source": "n1",
      "target": "n2"
    },
```

```
    {
      "id": "e2",
      "source": "n2",
      "target": "n0"
    }
  ]
}
```

Dans le fichier index.html, le code de création du graphe devient encore plus simple.

index.html

```html
<html>
<head>
<style type="text/css">
  #container {
    max-width: 100%;
    height: 100%;
    margin: 5%;
  }
</style>
</head>
<body>
<div id="container"></div>
<script src="sigma.min.js"></script>
<script src="plugins/sigma.parsers.json.min.js"></script>
<script>
  sigma.parsers.json('data.json', {
    container: 'container',
    settings: {
      defaultNodeColor: '#ec5148'
    }
  });
</script>
</body>
</html>
```

Force Atlas

Maintenant que nous avons compris comment créer une instance de graphe, nous allons illustrer le véritable intérêt de la visualisation, qui est de faire ressortir de l'information contenue dans les données.

Figure 8–7
sigma.js utilise un plug-in
pour lire les éléments du graphe
depuis un fichier JSON.

Nous avons déjà parlé de l'algorithme Force Atlas, qui dispose les nœuds de façon moins aléatoire. Nous allons donc l'inclure dans notre page.

```
<script src="plugins/sigma.layout.forceAtlas2.min.js"></script>
```

Nous allons utiliser un graphe un peu plus intéressant en termes de structure, même s'il reste suffisamment basique pour ne pas surcharger le code inutilement :

```
var g = {
    nodes: [
        {"id":"A"},
        {"id":"B"},
        {"id":"C"},
        {"id":"D"},
        {"id":"E"}
    ],
    edges: [
        {
          "id": "e0",
          "source": "A",
          "target": "B"
        },
        {
          "id": "e1",
          "source": "B",
```

```
              "target": "C"
            },
            {
              "id": "e2",
              "source": "C",
              "target": "A"
            },
            {
              "id": "e3",
              "source": "C",
              "target": "D"
            },
            {
              "id": "e4",
              "source": "D",
              "target": "E"
            }
        ]
    };
```

Ce graphe, défini à travers sa liste d'adjacences, n'est pas particulièrement lisible pour un œil humain. On pourrait disposer les nœuds au hasard en espérant voir apparaître un pattern intéressant. Effectivement, pour un graphe aussi simple et petit, on obtient facilement après quelques essais une configuration qui a du sens.

Figure 8–8
Disposition aléatoire des nœuds
du graphe de test

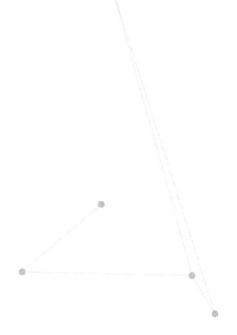

Ce n'est plus aussi évident lorsque les nœuds et les relations commencent à devenir nombreux, sachant que l'ajout d'un nœud ajoute potentiellement autant de relations qu'il y a de nœuds disponibles dans le graphe.

C'est la raison pour laquelle l'algorithme Force Atlas a été développé.

Nous commençons par affecter au hasard des positions aux nœuds :

```
g.nodes.forEach(function(node){
    node.x = Math.random();
    node.y = Math.random();
    node.size = 2;
})
```

Nous initialisons ensuite le graphe avec l'objet ainsi créé :

```
s = new sigma({
    graph: g,
    container: 'container',
    settings: {
        drawEdges: true,
        defaultNodeColor: '#ec5148'
    }
});
```

L'instance dispose de nouvelles méthodes, qui permettent de lancer et de stopper le cycle de recalcul des positions. Nous laissons l'algorithme tourner pendant 5 secondes, ce qui devrait suffire pour faire converger notre petit graphe vers une configuration stable :

```
s.startForceAtlas2();
setTimeout(function() {s.stopForceAtlas2();
},5000);
```

Nous obtenons le résultat suivant.

Figure 8–9
Avec Force Atlas, la position finale
des nœuds a plus de sens, et nous
tendons vers le même résultat
à chaque fois que nous affichons
le graphe.

Plug-in Cypher

Nous disposons maintenant de tous les outils pour générer des graphes avec sigma.js. Nous récupérons les données directement depuis notre serveur Neo4j. La tâche est d'autant plus simple qu'il existe un plug-in dédié disponible à l'adresse suivante : https://github.com/jacomyal/sigma.js/tree/master/plugins/sigma.parsers.cypher.

Ce plug-in sert à récupérer un ensemble de nœuds et relations depuis Neo4j (à travers une requête Cypher), à définir les propriétés d'affichage de ces objets et à utiliser les outils de visualisation de sigma.js de façon simple et rapide.

Assurez-vous d'avoir le serveur Neo4j lancé et disponible. Placez le répertoire téléchargé dans le répertoire des plug-ins de sigma.js et ajoutez la déclaration correspondante dans la page HTML.

```
<script src="plugins/sigma.parsers.cypher/sigma.parsers.cypher.js">
</script>
```

Le graphe que nous allons utiliser va nous aider à comprendre le principe d'émergence des structures au sein du graphe. Nous allons considérer une entreprise avec l'organigramme suivant.

Figure 8–10
Notre exemple va simuler des relations, par exemple à partir de l'analyse de correspondances par e-mail, entre les personnes correspondant à cet organigramme d'une entreprise fictive.

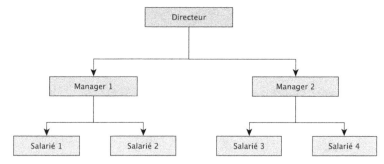

Nous allons imaginer que nous disposons des échanges par e-mails entre ces différentes personnes. Pour faire simple, nous allons considérer qu'une relation existe entre deux personnes si celles-ci ont un certain volume de correspondance.

```
CREATE (d1:Directeur {name:"directeur"})<-[:WORK_WITH]-(m1:Manager
{name:"manager 1"})
CREATE d1<-[:WORK_WITH]-(m2:Manager {name:"manager 2"})
CREATE m2<-[:WORK_WITH]-(s1:Salarie {name:"salarié 1"})
CREATE m2<-[:WORK_WITH]-(s2:Salarie {name:"salarié 2"})
CREATE m2<-[:WORK_WITH]-(s3:Salarie {name:"salarié 3"})
CREATE m2<-[:WORK_WITH]-(s4:Salarie {name:"salarié 4"})
CREATE m1<-[:WORK_WITH]-(s1)
CREATE s4<-[:WORK_WITH]-s3
CREATE s1<-[:WORK_WITH]-s2
CREATE s2<-[:WORK_WITH]-m1
CREATE m2<-[:WORK_WITH]-m1
```

Figure 8–11
Visualisation du graphe dans Neo4j

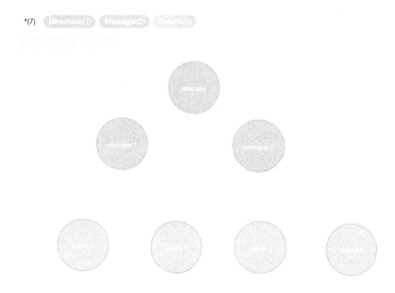

Nous allons apporter quelques modifications à notre code précédent pour aller récupérer les données depuis le serveur Neo4j. Pour ce faire, il nous suffit d'instancier l'objet suivant :

```
sigma.neo4j.cypher(...)
```

et de passer les bons paramètres pour récupérer les éléments du graphe, en commençant par les informations de connexion au serveur Neo4j :

```
{url:'http://localhost:7474', user:'user', password:'password'}
```

Vient ensuite la requête Cypher récupérant les éléments du graphe qui nous intéressent :

```
'MATCH (n)-[r]->(m) RETURN n,r,m'
```

L'élément du DOM à cibler pour afficher le graphe est :

```
{container:'container'}
```

Enfin, une fonction de *callback* va traiter les données récupérées et définir notre graphe avant son affichage :

```
function(s) {}
```

Afin d'améliorer l'affichage et de lui donner plus de lisibilité, nous allons adapter les nœuds en affichant les noms associés en place des Id Neo4j et changer la couleur en fonction du label.

Le plug-in associe un objet aux données retournées par la requête Cypher à travers les clés.

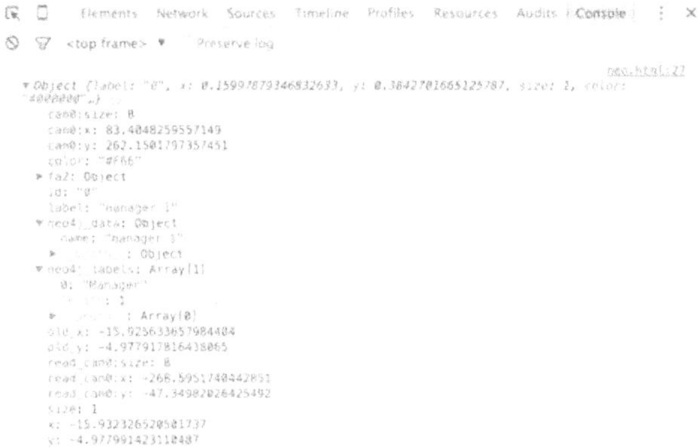

Figure 8–12
Analyse des données Cypher
transmises au plug-in.
On peut visualiser les paramètres
des nœuds avec un
console.log(s.graph.nodes()),
et utiliser les outils d'inspection
fournis avec les navigateurs web.

Nous avons donc simplement besoin de réaffecter les valeurs qui nous intéressent aux champs utilisés par sigma.js :

```
s.graph.nodes().forEach(function(node){
    node.label = node.neo4j_data.name;
    node.color = node_color(node.neo4j_labels[0])
    });
```

et d'écrire une fonction qui affecte la couleur en fonction des labels :

```
function node_color(neo4j_label) {
    switch(neo4j_label){
        case 'Manager':
        return "#F66"
        case 'Director':
        return "#2F2"
        case 'Salarie':
        return "#000"
    }
}
```

Notre code final ressemble donc à :

```
sigma.neo4j.cypher(
    {url:'http://localhost:7474', user:'user', password:'password'},
    'MATCH (n)-[r]->(m) RETURN n,r,m',
    {container:'container'},
    function(s) {
        s.graph.nodes().forEach(function(node){
            node.label = node.neo4j_data.name;
            node.color = node_color(node.neo4j_labels[0])
            });
        s.startForceAtlas2();
        setTimeout(function() {s.stopForceAtlas2();},10000);
        });
```

Le résultat est le suivant.

Figure 8–13
Le graphe final montre
que le manager 2 joue un rôle
central au sein de l'équipe.

Bien évidemment, nous avons à peine effleuré les possibilités offertes par cette bibliothèque entièrement dédiée aux graphes, et il faudrait plusieurs chapitres pour entrer dans les détails techniques, ainsi que les possibilités esthétiques.

Vous disposez maintenant des éléments de base pour aller plus loin.

9

Graphes et réseaux sociaux

Dans ce chapitre, nous allons connecter Neo4j au monde réel. Nous allons montrer un exemple d'application qui se connecte à Twitter et intègre les tweets en temps réel pour construire le graphe des données.

Les réseaux sociaux font partie du quotidien d'une écrasante majorité de personnes et sont entrés dans les usages et les habitudes de consommation d'Internet à l'échelle mondiale.

L'explosion des terminaux mobiles, smartphones et tablettes a favorisé l'émergence de nouveaux comportements dans un monde ultraconnecté, et les applications sociales facilitent le partage de tranches de vies, de lectures et d'articles, de médias, etc.

Facebook, le leader incontesté des réseaux sociaux, revendique en 2015 plus d'1,5 milliard d'utilisateurs actifs par mois. Dans une moindre mesure, Twitter compte quant à lui plus de 300 millions de fidèles actifs par mois, avec des profils très populaires. Le record est actuellement détenu par Katy Perry, avec 75 millions de personnes abonnées qui voient toutes instantanément l'ensemble de son activité. En termes d'activité, la finale de la coupe du monde 2014 de football a enregistré plus de 600 000 tweets en une seule minute.

D'autres réseaux sociaux ont émergé, pour des usages ou des cibles plus spécifiques, comme Instagram et Vine, plus axés sur le partage de photos et de courtes vidéos réalisées par les utilisateurs, ou encore LinkedIn, qui est destiné à un usage professionnel. Notons enfin les sites avec un fort ancrage régional, comme VKontakte pour la Russie et Weibo pour la Chine.

Ce mouvement s'inscrit dans la droite lignée du Web 2.0 qui a vu fleurir des outils facilitant la génération de contenus par les utilisateurs, lesquels se sont approprié le Web, et contribue fortement au raz-de-marée des données qui transitent sur la Toile.

Au sein de ce bruit incessant se retrouve la grande majorité des idées, des modes et des opinions noyées dans un maelström de textes, de médias, de conversations, etc. Avoir les bons outils est un facteur déterminant pour exploiter malgré tout l'information présente.

Ceci est la raison principale pour laquelle les médias sociaux suscitent un intérêt certain pour différents acteurs et observateurs dans le domaine du traitement des données.

Les graphes jouent un rôle primordial dans la modélisation, le stockage et l'analyse de ces données. Ils sont un outil de choix pour faire ressortir de nombreuses informations, qu'il est délicat, voire impossible, d'extraire autrement.

Données Twitter

Twitter est l'un des réseaux sociaux les plus connus et les plus utilisés de par le monde, avec plus d'un demi-million de comptes ouverts. Créé en 2006, sans but particulier, il devient rapidement un lieu incontournable pour de nombreux usages.

Le site est devenu aujourd'hui un canal d'information et de veille privilégié. La brièveté des messages y a sans doute contribué. Le site présente en effet la particularité de limiter le nombre de caractères à 140 par message posté (ou tweet), pour des raisons historiques, se destinant initialement à un usage par SMS.

Il constitue une source de données de plus en plus incontournable car, contrairement à d'autres médias à l'image de Facebook, il est destiné à un usage principalement public.

Figure 9–1
Un exemple de statut public
sur Twitter : un message court
et spontané

Le site est devenu un moyen de communication puissant pour les personnages publics, hommes et femmes politiques, célébrités en tout genre. Il leur assure une présence plus horizontale et facilite la communication dans les deux sens.

Il s'agit également d'un canal d'information rapide, avec une très forte réactivité, où les journalistes professionnels côtoient de nombreux inconnus et anonymes qui y publient régulièrement de nombreux tweets et s'abonnent à des comptes informatifs et/ou divertissants.

Twitter, à travers ses utilisateurs, leurs relations et leurs interactions, est un réseau social de référence, au sens graphe du terme.

Dans notre optique orientée données, nous souhaitons faire persister les données du réseau social de façon à simplifier leur utilisation. La structure en graphe est donc le choix par défaut et les différentes entités peuvent être modélisées de la façon suivante.

Figure 9–2
Un modèle possible pour
le graphe social de Twitter

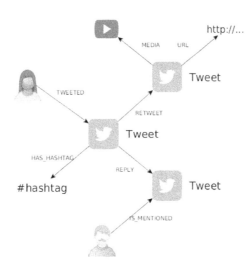

Notons que les relations entre utilisateurs ne sont pas symétriques, contrairement à celles d'un réseau comme Facebook, mais orientées. Elles font émerger une hiérarchie entre les différents comptes, qui influe sur la diffusion de l'information.

Un utilisateur peut suivre les comptes qu'il considère intéressants, via un abonnement affichant au sein de sa propre timeline les tweets postés par les utilisateurs suivis. Il peut transférer (retweeter) certains messages afin qu'ils apparaissent également dans la timeline de ses propres abonnés (followers), ce qui contribue à une diffusion en cascade des statuts les plus intéressants (jusqu'à faire le buzz). Les tweets sont limités à 140 caractères et peuvent mentionner des utilisateurs pour leur répondre ou les interpeller, contenir des URL ou des médias ou encore des hashtags (qui servent d'une certaine façon à structurer les fils de tweets et les conversations et les lient à travers quelques mots-clés).

Twitter et ses API

Twitter, comme de nombreux réseaux sociaux, propose différentes API dédiées pour les développeurs qui souhaitent créer des applications interagissant avec leurs sites, leurs utilisateurs et leurs contenus, et un écosystème assez riche s'est d'ailleurs développé autour des possibilités offertes. Dans le cas de Twitter, l'API REST permet par exemple de récupérer des informations particulières sur un tweet ou un utilisateur, comme le nombre de retweets, de followers, la timeline, etc.

Nous ne développerons pas toutes les possibilités d'utilisation de Twitter puisque ce n'est pas le propos ici, mais nous vous encourageons à aller explorer sa documentation en ligne : https://dev.twitter.com/rest/public.

Nous allons tout d'abord nous intéresser plus particulièrement à l'API Search, qui permet de faire des recherches spécifiques et propose de nombreuses options pour filtrer les résultats. Elle fonctionne de façon équivalente à une recherche directement depuis l'interface web de twitter.com.

L'avantage de Twitter réside aussi dans la possibilité d'écouter le réseau en temps réel, pour identifier des tendances, des événements, etc. L'API Stream fournit cette fonction et récupère en temps réel les tweets sur un sujet ou un hashtag particulier.

Nous allons voir quelques exemples utilisant les API Search et Stream. Cette dernière va de plus nous servir à illustrer un cas d'application intégrant du contenu en temps réel au sein de Neo4j.

Création de l'application Twitter

Pour utiliser l'API et reproduire les exemples qui suivent, il vous faut tout d'abord créer une application associée à un compte Twitter valide, qui disposera d'un accès aux serveurs de ce réseau social.

Le principe est simple et repose sur OAuth *(Open Authorization)*, un protocole d'identification dont l'avantage principal consiste à éviter que les utilisateurs ne communiquent leurs identifiant et mot de passe à une application tierce. Celle-ci pourra ensuite se connecter en leur nom et exécuter des tâches sur leurs comptes.

Pour ce faire, commencez par vous rendre sur le site dédié aux applications Twitter : https://apps.twitter.com/.

Une fois connecté avec votre compte Twitter, vous trouverez un bouton *Create New App*.

Figure 9–3
Interface de création
des applications Twitter

Figure 9–4
Les champs à remplir
pour créer l'application

Après avoir appuyé sur le bouton, remplissez les champs requis et suivez les consignes. Il vous sera notamment demandé de renseigner certains champs.

- *Name* - Le nom de votre API, qui doit être unique et personnel.
- *Description* - Une courte description qui vous aidera à vous y retrouver lorsque vous aurez créé un certain nombre d'applications. Si elle ne vous satisfait pas entièrement, vous pourrez bien évidemment la modifier ultérieurement.

- *Website* - Le lien vers votre site web, ou plutôt l'endroit vers lequel vous souhaitez que l'application renvoie.
- *Callback URL* - Vous pouvez ignorer ce champ pour le moment.

Une fois que vous avez rempli tous les champs, assurez-vous d'avoir lu les conditions d'utilisation et d'avoir coché la case *Yes, I agree*. Vous pouvez alors cliquer sur le bouton *Create your Twitter application*.

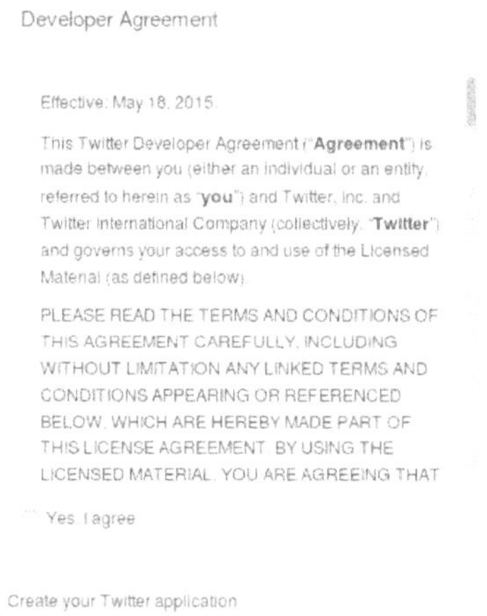

Figure 9–5
Vous êtes prêt à créer l'application, après avoir lu les conditions d'utilisation.

Developer Agreement

Effective: May 18, 2015

This Twitter Developer Agreement ("**Agreement**") is made between you (either an individual or an entity, referred to herein as "**you**") and Twitter, Inc. and Twitter International Company (collectively, "**Twitter**") and governs your access to and use of the Licensed Material (as defined below).

PLEASE READ THE TERMS AND CONDITIONS OF THIS AGREEMENT CAREFULLY, INCLUDING WITHOUT LIMITATION ANY LINKED TERMS AND CONDITIONS APPEARING OR REFERENCED BELOW, WHICH ARE HEREBY MADE PART OF THIS LICENSE AGREEMENT. BY USING THE LICENSED MATERIAL, YOU ARE AGREEING THAT

☐ Yes, I agree

Create your Twitter application

Allez sur l'onglet *Keys and Access Tokens* pour accéder à vos identifiants. Il vous faudra également créer un *Access Token*.

Figure 9–6
Appuyez sur le bouton pour générer les tokens.

Your Access Token

Token Actions

Create my access token

Nous aurons besoin dans la suite du chapitre des quatre informations suivantes :

- *Consumer Key* ;
- *Consumer Secret* ;
- *Access Token* ;
- *Access Token Secret*.

Application d'intégration des tweets

L'application que nous allons réaliser va exploiter l'API de Twitter afin de récupérer les informations à analyser. Nous choisissons d'effectuer notre démonstration avec Node.js, la plateforme de développement JavaScript.

Figure 9–7
Node.js sur nodejs.org

JavaScript est un langage très présent dans le monde du Web ; il est incontournable pour les développements *front-end*. Nous l'avons notamment utilisé pour illustrer la datavisualisation avec sigma.js.

Node.js porte ce langage également côté serveur et *back-end*. Il a ses propres avantages par rapport à d'autres langages de développement. Son aspect asynchrone non bloquant permet notamment de réaliser des applications performantes.

De nombreuses bibliothèques ont déjà été développées et sont utilisées dans des environnements de production contraignants et exigeants. Il existe également de nombreux outils qui favorisent entre autres la gestion des dépendances, ainsi que tout le cycle de développement logiciel. Nous utiliserons par exemple npm, le gestionnaire de modules, qui va faciliter l'installation des bibliothèques dont nous aurons besoin par la suite.

Nous vous invitons donc à installer Node.js pour votre plate-forme avant de passer aux prochaines étapes.

Initialisation du projet Node.js

Une fois la plate-forme installée et prête à tourner, un projet est initialisé dans un nouveau répertoire avec la commande suivante :

```
npm init
```

Cela affiche un certain nombre de champs à remplir sur le projet, qui sont sauvegardés dans le fichier package.json automatiquement créé.

Dans notre cas, le fichier package.json obtenu est le suivant :

```
{
   "name":"twitter_app",
   "version":"0.0.1",
   "description":"Application de test twitter",
   "main":"app.js",
   "scripts":{
     "test":"echo \"Error: no test specified\" && exit 1"
   },
   "author":"Amine Benhenni",
   "license":"ISC"
}
```

La seconde étape consiste à installer les modules que nous utiliserons, en commençant par la bibliothèque twit, qui va faciliter notre communication avec l'API Twitter (https://github.com/ttezel/twit). Le gestionnaire npm s'en charge avec la commande idoine :

```
npm install twit
```

Dans le répertoire de travail, vous trouverez un nouveau sous-répertoire node_modules/ qui contient les différentes modules installés et utilisés durant le projet.

Il est possible de renseigner automatiquement les dépendances du projet dans le fichier package.json, en utilisant une option complémentaire lors de l'installation des modules :

```
npm install twit --save
```

Le gestionnaire npm ajoute la ligne correspondante dans le fichier package.json :

```
{
  "name":"twitter_app",
  "version":"0.0.1",
  "description":"Application de test twitter",
  "main":"app.js",
  "scripts":{
    "test":"echo \"Error: no test specified\" && exit 1"
  },
  "author":"Amine Benhenni",
  "license":"ISC",
  "dependencies":{
    "twit":"^2.1.0"
  }
}
```

Nous voyons une nouvelle entrée, avec le nom du module, ainsi que la version installée.

Connexion à Twitter

On trouvera sur le site de gestion des applications Twitter (https://apps.twitter.com/), utilisé plus tôt pour créer notre application et générer les identifiants, toutes les informations de connexion à l'API.

Nous allons les renseigner dans un fichier dédié de configuration et de connexion, à la racine du projet.

config.js

```
module.exports = {
    consumer_key : '...'
    , consumer_secret : '...'
    , access_token : '...'
    , access_token_secret : '...'
}
```

Nous y ferons référence dans le fichier principal app.js à travers les deux lignes suivantes :

app.js

```
var Twit = require('twit');
config = require('./config.js');
```

Nous sommes maintenant parés pour nous connecter à Twitter et récupérer des données pour explorer le réseau social avec Neo4j.

API Search

Nous allons commencer par voir comment faire une recherche, afin d'illustrer le fonctionnement de l'application que nous développons. Il n'y a pas de complexité particulière et il suffit simplement de construire une requête, avec le contenu recherché et les options souhaitées, puis d'utiliser la méthode lançant la recherche sur l'URL suivante : https://api.twitter.com/1.1/search/tweets.json.

Notre premier code va instancier un objet `Twit`, qui gère la connexion du client au serveur Twitter, et transmettre notre requête avant de traiter le résultat dans le callback correspondant, qui se contente ici d'afficher les données reçues sur la sortie standard.

app.js

```
var Twit = require('twit');
config = require('./config.js');

var T = new Twit(config);

params = { q:'neo4j', count:100, lang:"en", since_id:620248636082024400 };

T.get('search/tweets', params, function(err, data, response) {
    console.log(data);
    });
```

L'objet `params` contient les différents paramètres pour la requête :

* `q` - Il s'agit de la requête qui nous intéresse ;
* `lang` - Il est possible de spécifier à Twitter la langue des tweets. Les résultats ne sont pas fiables à 100 %, mais pour un traitement massif, le taux d'erreurs reste généralement acceptable ;
* `count` - C'est le nombre de tweets que doit retourner la requête, sachant que la limite maximale est de 100.

Des champs particulièrement importants sont ceux qui gèrent la pagination des tweets lors des recherches.

Tous les tweets disposent d'un champ `Id` généré par le système Snowflake de Twitter, qui est construit de sorte à garantir que deux tweets générés au même moment ont des id proches, et que les Id sont ordonnées temporellement. Ces propriétés vont nous être utiles pour la gestion de la pagination, avec deux cas possibles.

Nous pouvons avoir exécuté une première requête qui a renvoyé 100 tweets, et nous souhaitons récupérer les 100 tweets suivants. Dans ce cas, il nous suffit de renseigner l'Id du dernier tweet récupéré, celui dont la valeur est la plus basse et qui correspond au plus ancien. La requête ne retournera que les tweets dont l'Id est inférieur à `max_id` et qui sont donc encore plus anciens. Il suffit dans ce cas de renseigner le champ `max_id` avec la valeur correspondante dans les options de la requête.

Dans notre exemple ci-dessus, nous considérons que nous sommes dans le deuxième cas possible, où nous avons déjà exécuté la requête afin d'avoir l'ensemble des résultats jusqu'à une date donnée, et nous souhaitons mettre à jour les résultats avec les nouveaux tweets qui ont été postés entre-temps. Nous renseignons le champ since_id avec l'Id du tweet le plus récent. La requête renvoie alors uniquement les tweets dont l'Id est strictement supérieur, soit ceux qui sont plus récents dans la timeline. C'est cette approche qu'on utilisera pour vérifier s'il y a de nouveaux tweets depuis notre dernière recherche.

Attention aux valeurs du champ id

Les Id des tweets sont des entiers 64 bits non signés. Certains langages, dont certaines versions de JavaScript, peuvent avoir des difficultés à gérer des nombres aussi longs. C'est la raison pour laquelle les résultats des requêtes comportent toujours un champ id et un champ id_str, qui est la représentation en chaîne de caractères de l'Id. Le champ id, s'il est mal géré, contient une valeur erronée, auquel cas on favorise l'utilisation de id_str, notamment pour les paginations.

Vous trouverez plus de détails sur les champs de recherche possibles à l'adresse https://dev.twitter.com/rest/reference/get/search/tweets.

Le programme est exécuté simplement :

```
node app.js
```

Et nous voyons rapidement les tweets s'afficher. Nous avons récupéré l'exemple suivant pour illustration, avec count = 1 :

```
{ statuses:
   [ { metadata:[Object],
       created_at:'Mon Oct 12 13:27:21 +0000 2015',
       id:653562603327742000,
       id_str:'653562603327741953',
       text:'RT @MalekMajumder: Using #Neo4j as an #IoT Data Store on Raspberry Pi
https://t.co/rQrfshCC7X via @DZone #bigdata #nodejs #nodejsit15',
       source:'<a href="http://www.damianofusco.com" rel="nofollow">DamianoMe App
             </a>',
       truncated:false,
       in_reply_to_status_id:null,
       in_reply_to_status_id_str:null,
       in_reply_to_user_id:null,
       in_reply_to_user_id_str:null,
       in_reply_to_screen_name:null,
       user:[Object],
       geo:null,
       coordinates:null,
       place:null,
       contributors:null,
       retweeted_status:[Object],
       is_quote_status:false,
```

```
        retweet_count:4,
        favorite_count:0,
        entities:[Object],
        favorited:false,
        retweeted:false,
        possibly_sensitive:false,
        lang:'en' } ],
  search_metadata:
   { completed_in:0.01,
     max_id:653562603327742000,
     max_id_str:'653562603327741953',
     next_results:'?max_id=653562603327741952&q=neo4j&lang=en&count=1
                  &include_entities=1',
     query:'neo4j',
     refresh_url:'?since_id=653562603327741953&q=neo4j&lang=en&include_entities=1',
     count: 1,
     since_id:620248636082024400,
     since_id_str:'620248636082024400' } }
```

Un tweet contient différents champs. Dans notre exemple, tous les champs ne sont pas développés, car le JSON fait au total plus de 300 lignes. Le résultat a deux clés principales :

* statuses, qui comprend une liste de tweets ;

* search_metadata, qui nous renseigne sur les champs since_id et max_id pour des besoins de pagination éventuels.

Un tweet comporte des champs simples, comme l'Id, la date, le texte, etc. Puis viennent des objets plus complexes. Le user, tout d'abord, contient les informations sur le compte auquel le tweet est rattaché, dont nous montrons les champs les plus importants :

```
user : {
  "favourites_count":25499,
  "created_at":"Sat Apr 18 12:21:02 +0000 2015",
  "friends_count":93,
  "followers_count":1197,
  "id":3179389829,
  "id_str":"3179389829",
  "name":"Damiano Fusco",
  "screen_name":"DamianoMe",
  "location":"Oldsmar, FL",
  "description":"#programmer, #developer, or whatever they call those nowadays
                - doing #JavaScript for more than 15 years - loving #aureliaJS
                http://t.co/D7cuGXAOd1",
  "url":"http://t.co/m083fw2QrA",
  "statuses_count":69842,
  ...
}
```

Puis vient le champ entities, qui contient des informations sur les hashtags, les médias et les URL entre autres. Montrons l'exemple des hashtags, que nous allons utiliser plus loin pour construire notre graphe.

```
[
  {
    "indices":[
      25,
      31
    ],
    "text":"Neo4j"
  },
  {
    "indices":[
      39,
      43
    ],
    "text":"IoT"
  },
  {
    "indices":[
      106,
      114
    ],
    "text":"bigdata"
  },
  {
    "indices":[
      115,
      122
    ],
    "text":"nodejs"
  },
  {
    "indices":[
      123,
      134
    ],
    "text":"nodejsit15"
  }
]
```

Terminons cette partie en précisant que Twitter limite à 100 le nombre de tweets à chaque requête et autorise jusqu'à 180 requêtes toutes les 15 minutes.

Il est possible de connaître sa consommation actuelle :

```
T.get('application/rate_limit_status', function(err, data, response){
      console.log(data);
});
```

Cela retourne un long JSON avec toutes les limites pour l'ensemble des API disponibles, que nous préférons ne pas afficher ici.

Plus spécifiquement, nous allons afficher uniquement la limite sur les recherches :

```
T.get('application/rate_limit_status', function(err, data, response){
        console.log(data['resources']['search']);
});
```

Nous obtenons le résultat suivant :

```
{"/search/tweets":
    {"limit":180,"remaining":180,"reset":1442928341}
}
```

Il est bon enfin de savoir que Twitter ne retourne pas de tweets au-delà des 3 200 derniers correspondant à un critère de recherche.

API Stream

Au contraire de l'API REST, qui répond de façon ponctuelle à des requêtes précises, l'API Stream offre une connexion continue du client au flux de tweets. Elle est l'outil de choix pour mettre en place une surveillance en temps réel de ce qui se passe sur le réseau social.

Nous allons par exemple illustrer comment suivre les tweets relatifs à un mot-clé ou un hashtag particulier.

app.js

```
var Twit = require('twit');
config = require('./config.js');

var T = new Twit(config);

var stream = T.stream('statuses/filter', {track:'#apple', lang:"en"});

stream.on('tweet', function (tweet) {
    console.log(tweet);
})
```

L'application fait défiler les tweets au fur et à mesure qu'ils sont postés.

Là encore, de nombreuses autres possibilités existent et sont développées dans la documentation officielle : https://dev.twitter.com/streaming/overview.

Signalons également les limitations inhérentes à cette approche. Le service Firehose est le seul permettant d'accéder à la totalité des tweets en temps réel. Il est bon de savoir que les API publiques ont toutes différentes limitations et que, pour des recherches à fortes volumétrie et vélocité, il est possible de descendre aussi bas que 1 % du flux total. La totalité du *stream* de Twitter (son Firehose) est accessible à travers un abonnement payant à GNIP (https://www.gnip.com/), une startup rachetée par Twitter qui et la seule à offrir cette prestation depuis 2015.

Connexion Neo4j et node.js

Maintenant que nous savons comment récupérer le contenu qui nous intéresse, nous allons voir comment faire persister les données sur le graphe afin de les exploiter par la suite.

Pour communiquer avec Neo4j, nous choisissons d'utiliser la bibliothèque Seraph, qui sera installée avec la commande suivante :

```
npm install seraph
```

Le module est ajouté au répertoire node_modules/.

Si l'option --save est ajoutée à la commande npm, le fichier package.json est modifié et la ligne correspondant au nouveau package est ajoutée :

```
{
  "name":"twitter_app",
  "version":"0.0.1",
  "description":"",
  "main":"app.js",
  "scripts":{
    "test":"echo \"Error: no test specified\" && exit 1"
  },
  "author":"Amine Benhenni",
  "license":"ISC",
  "dependencies":{
    "seraph":"^0.13.3",
    "twit":"^2.1.0"
  }
}
```

Nous pouvons inclure le module et initialiser la connexion au graphe avec une seule instruction :

```
var db = require('seraph')({
  user:'user',
  pass:'password'
});
```

Ici, la variable db expose l'ensemble des méthodes qui permettent d'interagir avec la base de graphes.

Un module complémentaire de Seraph

L'équipe derrière Seraph offre une couche supplémentaire à travers le module complémentaire Seraph-Model, qui permet de définir des modèles et de simplifier certaines opérations d'écriture et de lecture, comme prétraiter et valider les données : https://github.com/brikteknologier/seraph-model.

Seraph s'occupe pour nous des opérations de manipulation des nœuds et des relations. Nous pouvons ainsi ajouter un nouveau nœud.

```javascript
db.save({properties}, 'Label', function(err, node) {
    if(err) throw err;
    ...
})
```

en récupérer un autre :

```javascript
db.find({Id:''}, 'Tweets', function(err, results) {
  if (err) {
    ...
    return;
  }
  console.log(results);
});
```

et ajouter des relations entre nœuds :

```javascript
db.relate(tweet1, 'RETWEET', tweet2, {date:'2015-07-07'}, function(err,
relationship) {
  if (err) {
    ...
    return;
  }
  ...
});
```

Il est possible de chaîner plusieurs déclarations avec des callbacks en cascade :

```javascript
"db.save({user_id:1, username:''}, function(err, user1) {
  db.save({user_id:2, username:''}, function(err, user2) {
    db.save({tweet_id:3, date:''}, function(err, tweet) {
      db.relate(user1, 'TWEETED', tweet, function(err, rel) {
        db.relate(tweet, 'MENTIONS', user2, function(err, rel) {
          ...
        });
      });
    });
  });
});
```

Toutefois, dans ce cas, il est plus simple et plus clair d'utiliser une requête Cypher :

```javascript
var query = [
  'CREATE (user_1:User{user_id:{id1}, username:""})',
  'CREATE (user_2:User{user_id:{id2}, username:""})',
  'CREATE (tweet:User({tweet_id:{id3}}))',
  'CREATE (user_1)-[:TWEETED]->(tweet)-[:MENTIONS]->(user_2)'
].join('\n');
```

L'exécution de la requête s'effectue très simplement :

```
db.query(query, {id1:1, id2:2, id3:3}, function(err, results) {
  if (err) { return; }
    console.log(results[0].user_1, results[0].user_2, results[0].tweet);
  });
```

Seraph offre également la possibilité de passer par une transaction et d'y ajouter les différentes requêtes avant de lancer leur exécution :

```
var tx = db.batch();
var user_1 = tx.save({user_id:''});
var user_2 = tx.save({user_id:''});
var tweet = tx.save({tweet_id:''});
tx.label([user_1, user_2], 'User');
tx.relate(user_1, 'TWEETED', tweet);
tx.relate(tweet, 'MENTIONS', user_2);
tx.commit(function(err, results) {
  if (err) {
    ...
    return;
  }
  console.log(results);
});
```

Il est enfin possible d'appeler directement l'API REST de Neo4j comme nous l'avons définie dans le chapitre 5.

```
var operation = db.operation('node/4285/properties', 'PUT', { username: '' });
db.call(operation, function(err) {
  if (!err) console.log('')
});
```

L'ensemble des commandes est disponible sur le dépôt du projet : https://github.com/brikteknologier/seraph.

Dans l'exemple qui suit, nous nous concentrerons principalement sur l'utilisation de Cypher, qui offre de nombreux avantages, comme la création d'un nœud et la déclaration du label en une seule requête, entre autres.

Intégration des tweets dans le graphe

Commençons tout d'abord par instancier le client qui se connecte au graphe :

```
var db = require('seraph')({
  user:'user',
  pass:'password'
});
```

Avant de sauvegarder les tweets au sein du graphe, nous allons déclarer les contraintes qui assurent l'unicité des éléments que nous manipulerons :

```
db.constraints.uniqueness.create('Tweet', 'tweet', function(err, constraint) {
  console.log(constraint);
});

db.constraints.uniqueness.create('User', 'user', function(err, constraint) {
  console.log(constraint);
});

db.constraints.uniqueness.create('Hashtag', 'hashtag', function(err, constraint) {
  console.log(constraint);
});
```

La syntaxe est assez explicite.

Il nous suffit maintenant de nous brancher sur le flux de tweets et de déclencher les bonnes actions au fur et à mesure de l'arrivée des données.

app.js

```
var Twit = require('twit');
config = require('./config.js');

var T = new Twit(config);
var stream = T.stream('statuses/filter', {track:'#Hashtag'});

stream.on('tweet', function (tweet, err) {
    hashtags = new Array();
    tweet.entities.hashtags.forEach(function(hashtag){
        hashtags.push({hashtag:hashtag.text});
    })

    mentions = new Array();
    tweet.entities.user_mentions.forEach(function(mention){
        mentions.push({mentioned:mention.screen_name});
    })

    db.query([
        "MERGE (t:Tweet {tweet_id:{tweet_id}})",
        "MERGE (u:User {user:{user}})",
        "CREATE u-[:TWEETED]->t",
        "FOREACH (node IN {hashtags} | MERGE(h:Hashtag {hashtag:node.hashtag})",
        "CREATE t-[:HAS_HASHTAG]->h)",
        "FOREACH (node IN {mentions} | MERGE(m:User {user:node.mentioned})",
        "CREATE t<-[:IS_MENTIONED]-m)"
        ].join(' '),
        {
            "tweet_id":tweet.id_str,
            "user":tweet.user.screen_name,
```

```
                "hashtags":hashtags,
                "mentions":mentions
        }, function(err, result) {
            if (err) throw err;
            console.log(result);
        })
});
```

Une fois le stream lancé, le code extrait les hashtags et les mentions des tweets qui arrivent, avant de projeter les données brutes sur le graphe.

Le code suivant génère une liste de hashtags à partir de l'objet correspondant dans les entities vues précédemment :

```
    tweet.entities.hashtags.forEach(function(hashtag){
        hashtags.push({hashtag:hashtag.text});
    })
```

Le code suivant boucle sur la liste et, pour chaque hashtag, crée un nœud s'il est absent du graphe, ou le récupère dans le cas contraire, puis le relie au tweet :

```
"MERGE (t:Tweet {tweet_id:{tweet_id}})"
"FOREACH (node IN {hashtags} | MERGE(h:Hashtag {hashtag:node.hashtag})"
"CREATE t-[:HAS_HASHTAG]->h)"
```

La même logique est réutilisée pour les mentions. Nous pouvons vérifier que les tweets, les comptes et les hashtags sont bien sauvegardés dans Neo4j.

Figure 9–9
Visualisation du graphe dans Neo4j. Le hashtag au centre est l'objet de notre requête.

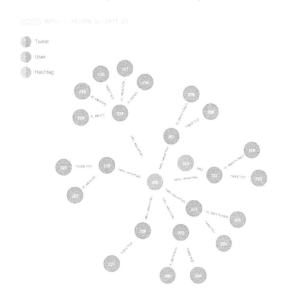

Bien que notre exemple reste basique et ne cherche volontairement pas à capturer toutes les subtilités des données de Twitter, il est déjà possible de répondre à certaines questions à travers les requêtes Cypher adéquates.

Vous pouvez par exemple tenter de répondre aux questions suivantes.

- Quels sont les hashtags associés ensemble ?
- Quels sont les utilisateurs les plus liés aux hashtags ? Ou encore à quels hashtags sont le plus liés certains utilisateurs ?
- Quels sont ceux qui sont mentionnés ? Et ceux qui sont actifs dans la discussion ?

Vous disposez maintenant de tous les outils pour construire une application plus complexe et à laquelle vous pouvez ajouter quelques requêtes pour explorer plus en profondeur les relations au sein du réseau social.

Il manque par exemple les retweets, qui jouent pourtant un rôle majeur sur le réseau, notamment pour analyser la diffusion des informations et l'influence des participants à des discussions sur des thèmes particuliers, en associant différents signaux sociaux, comme les mentions, les favoris et les retweets, puis en croisant avec les followers.

Twitter et médias sociaux, une source d'information incontournable ?

Les médias sociaux, dont Twitter, condensent la majorité des opinions et des points de vue de la société, et ils favorisent l'émergence de communautés autour de thèmes forts et fédérateurs, mais aussi des sujets plus légers. Leur usage est devenu un réflexe bien ancré chez nombre d'entre nous, avec une forte pénétration dans toutes les couches de la société. Et les smartphones et tablettes n'ont fait que renforcer les gestes de partage de messages, de photos, de lectures, etc. Ceci leur confère de nombreux avantages en termes de signaux exploitables et les rendent incontournables dans de nombreux domaines.

Les départements marketing et/ou service après-vente, par exemple, développent et investissent dans des applications qui promettent de faire remonter la « voix du consommateur », d'avoir un suivi en temps réel des conversations autour des produits, des tendances, des mécontents, et de réagir en conséquence rapidement. Cette capacité de réaction est primordiale, justement à cause de la nature virale de la propagation de l'information sur les réseaux sociaux.

De nouvelles habitudes sont apparues, comme les *live tweets*, des posts en temps réel à propos d'événements, de conférences ou d'émissions télévisées, qui sont autant d'occasions d'écouter les retours à chaud du public.

Parmi les autres exploitations possibles, on retrouve également des applications d'utilité publique, comme le suivi de catastrophes naturelles, facilité par la publication spontanée d'informations utiles par les personnes sur place, via les signaux sociaux, comme les retweets, pour identifier les priorités.

De façon générale, cette possibilité de poster rapidement et de répondre tout aussi vite fait la particularité de Twitter.

Facebook va quant à lui favoriser des posts plus longs, probablement plus personnels au sein du réseau d'amis, mais son intérêt vient des signaux sociaux sur les pages de marques, ou à travers les partages et les *likes* d'articles et de médias.

Nous l'avons déjà dit, le traitement et l'analyse de ces données posent des défis certains à différents niveaux, de l'infrastructure à la mise en place d'outils d'analyse adaptés.

Les signaux intéressants sont noyés dans un bruit de fond général, mais ils sont également rendus difficiles d'accès, d'une part, par la nature même des données, qui sont non structurées, et, d'autre part, à cause du format intrinsèque du texte et des médias, des ambiguïtés de langage, et de la présence d'informations fausses, de rumeurs, de faux comptes (par exemple, les *bots*), ou tout simplement des fautes d'orthographe et des coquilles.

Il existe principalement deux grandes familles d'outils pour rendre exploitables les données issues des médias sociaux. La première, la science des réseaux, découle directement de la structure connectée des données.

La modélisation en graphe aide à faire émerger les structures intrinsèques des données non structurées, en offrant la possibilité de hiérarchiser les nœuds, à travers le calcul de coefficients de centralité. Il devient possible ainsi d'identifier des comptes ayant un potentiel fort au sein du réseau – que ce soit pour récupérer l'information, ou au contraire, pour la propager, faisant autorité sur un sujet et/ou ayant de l'influence au sein d'une communauté, puis d'étudier les phénomènes de propagation et de contamination.

La seconde approche, quant à elle, repose sur l'ensemble des techniques de traitement automatique du langage et d'analyse sémantique.

L'analyse automatique de corpus de textes pose de nombreuses difficultés, avec des ambiguïtés et des subtilités faussant facilement les résultats. Les analyses sont affinées en leur adjoignant des algorithmes de classification de type machine learning, comme ce qui est souvent fait pour associer des émotions aux tweets.

Ainsi, il devient possible d'extraire des thèmes par rapprochements entre les tweets et les hashtags, ou l'extraction de mots-clés et d'entités nommées. En les associant ensuite à des comptes spécifiques, on identifie les « influenceurs » sur des sujets, on définit leur crédibilité, leur argumentation, etc.

Index

www.ingramcontent.com/pod-product-compliance
Lightning Source LLC
LaVergne TN
LVHW062317060326
832902LV00013B/2262